叢書 東アジアの近現代史 第1巻

清朝の興亡と中華のゆくえ

朝鮮出兵から日露戦争へ

岡本隆司

講談社

清朝の興亡と中華のゆくえ——朝鮮出兵から日露戦争へ

はじめに――多元化する東アジア

すべては豊臣秀吉からはじまった

日本史上最大の愚挙――一六世紀最末期、豊臣秀吉の朝鮮出兵のことである。

秀吉本人は「唐入《からい》り」、つまり大陸の征服をめざす壮挙だと誇ったし、またかつて戦前には、当時の大陸進出の魁《さきがけ》とみなして、賛美する声もあった。しかし今の歴史的評価は、ネガティヴなところでおおむね一致しているだろう。日本人どんな立場であれ、大差はあるまい。

それでも日本列島では「朝鮮出兵」といって、なおニュートラルな称呼。それに対し、朝鮮半島では「倭乱《わらん》」と呼び、中国大陸では「万暦三大征」のひとつに数える。口にするだに否定的なニュアンスが漂う、といって過言ではない。

われわれ日本人も、それに何の不思議も感じなくなった。小さくは豊臣政権の崩潰《ほうかい》を招き、大きくは日本列島・朝鮮半島・中国大陸いずれにも、大きな災禍をもたらしたからである。残したのは、おびただしい人々の犠牲と怨嗟《えんさ》ばかり、まさに「愚挙」とよぶにふさわしい。

しかも「愚挙」は、たんなる昔話にはとどまらない。以後にも大きな影響をあたえた。目に見えるものばかりではない。われわれの必ずしも意識していないところにも及んでいる。

現在なお𪙉《けわ》しい日中韓関係、「反日」の問題など、実はその典型である。もちろん四百年以上の歳月を隔てるから、現代の局面と直接の因果関係があるわけでないし、誰も秀吉と現代を直結させて考えることはあるまい。しかし、目前のような日中韓相互の関係や感情の淵源を位置づけるなら、これより以前にさかのぼらせるのも不可能である。

「愚挙」の淵源と再現

史上最大、すべてがそこからはじまった、というゆえんである。そうはいっても、いかに愚かであれ、行動を可能にする条件がなくては、愚挙は起こせない。そこには、物心両面の条件がある。

よく考えてみると、列島の人々が一丸となって大洋をおしわたり、半島・大陸に殴り込みをかけたのは、史上はじめてのことである。両者が武力で争った事件は、過去なかったわけではない。しかしかつての「蒙古襲来」は、向こうが海を越えて攻めてきたのであって、日本側は迎え撃つしかなかった。

ところが秀吉の時代は、攻守あい転じた。列島は三百年のあいだに、大軍が渡海遠征するだけの経済力・軍事力・政治力を身につけたことになる。日本は戦国から天下統一の時代、生産力と人口を倍加せしめた大開発・高度成長のただ中にあった。史上最大の愚挙とは、増大の一途をたどったそんな力量の横溢でもあったわけである。

「朝鮮出兵」は確かに、秀吉の死とともに終止符を打った。けれどもそれで、何もかも終わったわけではない。まずその結果を前提に、以後の東アジアの歴史はすすんでゆく。いかに愚挙ではあれ、現実に起こってしまったことは、消してしまうわけにはいかない。

やがてその東アジアの歴史は、一九世紀末・二〇世紀初、日清・日露の戦争を迎えた。日本は両次の戦勝を経て、半島を併合し、「満洲」に勢力圏を作ったから、秀吉の「唐入り」はいわば、三百年越しで実現したことになる。中韓からする「反日」の前提も、これで定まった。

「唐入り」という発想

秀吉の「朝鮮出兵」が「近世」の日本をつくりあげた高度成長のたまものであったとすれば、日清・日露の戦役は日本の「近代」化の成果である。やはり力量の増大がその条件になっていることはまちがいない。列島の発展は戦後もつづいて、なお経済大国の地位を保っているのだから、半島と大陸が警戒を抱くのも、その立場からすれば、無理もない話に思える。

そうみると、やはり疑問が浮かんでくる。なぜ列島の人々は、力をつけたら「唐入り」をくりかえしたのだろうか。秀吉ひとりにかぎっては、愚挙でよいかもしれない。しかしそれに失敗し、愚かだと痛感したはずの列島の人々が、なぜあらためて「唐入り」しなくてはならなかったのか。そこに至るまでに、長い時間を経過したのはなぜか。三百年のあいだに、いったい何があったのか。

疑義百出《ぎぎひゃくしゅつ》・回答不能の観がある。しかしひととおり見通しがつかないと、またぞろ愚挙をくりかえすやもしれない。

そもそも「唐入り」、列島が半島・大陸を凌ごうと殴り込みをかける、という発想そのものが、実は尋常ではない。列島の歴史・文明が半島・大陸からはるかに落伍したものであり、その国家・文化の形成が大陸・半島に多くを負ってきたことは、歴史の常識である。そうした彼我の関係を自覚していれば、おいそれと「唐入り」という行動にならないはずなのだが、史上の現実はちがっていた。だとすれば、少し同時代のありようをながめる必要があろうか。


「国性爺合戦」


日本の近世は町人文化がいちじるしく発達した時代、最も先進地域だった上方《かみがた》が、いちはやくそれを開花させた。いわゆる元禄時代である。

その一八世紀はじめ、エンターテインメントの花形といえば浄瑠璃、その代表的な作品に「国性爺合戦《こくせんやかっせん》」という戯曲がある。作者は希代のライター、近松門左衛門なのはいうまでもない。

「国性爺合戦」は明人《みん》を父に、日本人を母に持つ和藤内《わとうない》がヒーローである。そのシナリオは以下のとおり。

謀反人李蹈天《りとうてん》が韃靼《だったん》王と結んで、中国を統治していた明朝を滅ぼした。明の忠臣呉三桂《ごさんけい》は皇子を救い出し、九仙山《きゅうせんざん》にかくまい、皇子の妹・栴檀《せんだん》皇女は海に逃れる。平戸に漂着した栴檀皇女をみつけたのは、漁師の老一官《ろういっかん》。この人物は二十数年前、明帝の命をうけて日本に渡った鄭《てい》芝龍《しりゅう》である。日本人の妻をめとり、この地で暮らしていた。皇女と会った夫婦と子の和藤内は、明朝を復興するため、中国に渡る。

和藤内は腹違いの姉・錦祥女《きんしょうじょ》の夫にして韃靼の将軍、甘輝《かんき》に協力を求めるため、獅子ヶ城《ししがじょう》へ向かった。その途上、竹林に迷い込んだ和藤内は、猛虎を退治したことで、狩猟に来ていて出くわした韃靼兵を手下にしてしまう。

和藤内が獅子ヶ城につくと、甘輝も錦祥女が死を賭した説得に応じて同心し、龍馬ヶ原で呉三桂と再会する。かくて一同は韃靼の討伐に向かって、南京《ナンキン》を攻撃した。ついに敵を倒し、皇子を位につけて明朝を再興したのである。

めでたし、めでたし、で終わるこの波瀾万丈の物語、正徳五年（一七一五）に大坂竹本座で初演があってから、十七ヵ月の続演というロングランの記録を打ち立てた。

今も一部は、歌舞伎でやる演目だというのだが、藝能・演劇にうとい筆者は、ひととおり筋立てを紹介しながらも、そのみどころや縁起など、まったく知らないことばかり。そんな朴念《ぼくねん》仁《じん》でも、わかることがひとつある。この物語が東アジアの史実をふまえたものだということである。

背後にあるもの

鄭芝龍・呉三桂は実名だし、和藤内の称号「延平王国性爺鄭成功《えんぺいおうこくせんやていせいこう》」も、「国姓爺」をあえて違う用字にしてあるのを除けば、実在の人物であった。日本人の血を引いていたのも、事実である。

もとよりストーリーは、史実そのままではない。完全なフィクションといってよい。しかし「鎖国」のもと、海外に渡航できなくなった日本人の血を引く英雄が、列島・大海・大陸を股にかけて大活躍する物語は、スリリングかつエキゾティックで、泰平の安逸に慣れた人々に大当たりをとった。

興行・エンターテインメントの評価としては、それ以上に何かつけくわえることはない。今日の、あるいは別の立場から、作品の品隲《ひんしつ》におよぶ必要もないだろう。史実にそぐわぬデタラメだとか、野暮なことをいうつもりもない。

ほんとうの史実は、本書でじっくり叙述する。いな、しなくてはお話にならない。フィクションたるゆえんは、そこで自ずとおわかりいただけるはずである。

ただここでそのフィクションを長々と紹介したのは、こうした話の作り方、またそれが受けた、というところに、当時の日本人のメンタリティ、物の考え方がよくあらわれているからである。それ自体、歴史として考えるべき余地がある。

判官びいき、貴種好みというのは、あるいは日本人固有の心情なのかもしれないし、おそらく今も共通することだろう。同じ筋立てでみるなら、「韃靼王」という悪役、明朝の復興という大義。こちらがむしろ当時の価値観なのであり、ほぼ同時代の東アジアで共通したものである。いわゆる「中華思想」「華夷《かい》思想」そのままであり、それを日本人、ふつうの庶民もまた共有していたのである。

「華夷変態」

庶民でさえそうなら、知識人はなおさらだろう。

「国性爺合戦」から半世紀前に出た本に、「華夷変態」と名づける書物がある。いわゆる「唐《とう》人風説書《じんふうせつがき》」を集めたものである。「唐人風説書」とは、一七世紀のなかばころから、来航する唐船の乗組員から中国情報を系統的に収集し、記録した江戸幕府あて報告書のことであるから、「華夷変態」とは要するに、海外情報の資料集成にほかならない。

では、なぜこんな名前がつくのか。この中国情報集成に「華夷変態」と命名したのは、幕府おかかえの儒学者・林春齋《はやししゅんさい》であった。延宝二年（一六七四）かれがしたためた序文の一節に、明朝が滅んだことを述べたうえで、以下のように記す。

韃虜《だつりょ》たる清朝が中原《ちゅうげん》をわがもの顔に支配している。これは中華が夷狄《いてき》に変わりはててゆくありさまにほかならない。……最近、呉・鄭が各省に檄文をまわして、恢復《かいふく》の挙をおこしており、勝敗はまだわからない。夷狄が中華に変わってゆくということになれば、これはたとえ地域を異にしても、快事ではあるまいか。

「呉」は呉三桂、「鄭」は鄭成功一族のことをさす。まさしく同時代におこっていた三藩の乱・鄭氏の活動に触れたうえで、「韃虜」「夷狄」たる清朝がくつがえされる事態の招来を、異邦人・傍観者の立場から、欣快《きんかい》だと評した。「華夷変態」とは、明朝・漢人の「中華」復権の願望を託した書名なのである。いかめしい儒学の教理とリラックスした町人の娯楽とのちがいこそあれ、「国性爺合戦」とまったく同じ着眼点・思考法だった。

それは「夷《い》」にすぎないはずの日本人が、自らを「華《か》」にオーバーラップさせ、明朝・漢人と同一視した、ごく自己中心的な心情・論理にほかならない。当時、自分こそ「華」であれかし、という考え方が風靡していた。

東アジアの秩序と清朝

ここに二つの論点が見いだせる。

ひとつは漢人を「中華」とする明朝以来の既成概念である。それはたんに頭の中の思想・理念だけではない。現実に機能した秩序として、存在しつづけたものでもある。

いまひとつは、第一とはやや矛盾しながらも、その「中華」概念が拡散していたことである。漢人の中国文化に深い敬意を払いながらも、もはやそれは漢人の独占すべきものではない。「夷」のカテゴリーにあるはずの朝鮮は「小中華」、日本は「日本型華夷」として、もはや本《ほん》中華への無条件の従属に甘んじるものではなかった。

あくまで中国を「中華」として尊重はしながら、それを自分にオーバーラップさせがちなのは、そうした心理・論理による。かくて潜在的な「中華」は、どこにでも、いくらでもありうる、というのが、「国性爺合戦」「華夷変態」の語るところである。

さらに時代をさかのぼって考えれば、「国性爺合戦」から百年をさかのぼる、秀吉の「唐入り」がすでにそうだった。日本が明朝を打倒、征服するというのは、いかに愚かしい誇大妄想ではあれ、華夷の上下秩序をくつがえすにひとしい。

華夷意識・中華思想における「中華」という自尊意識は、中国ばかりのものではなく、当時は東アジア全域に普遍的な思考様式となっていた。そんな秩序に必ずしも組み込まれなかった日本人すら、影響をうけ、理念を共有していたわけである。朝鮮・ベトナムなど、中国にいっそう近接する国・地域は、なおさらだろう。

もはや中国・漢人が「中華」を独占する一元的秩序ではない。そうした多元化の時代、東アジアに三百年の長きにわたって君臨したのが、ほかならぬ清朝だった。

忌むべき「夷」であり「韃靼王」に擬《なぞら》えられる清朝、しかし現実の歴史では、「国性爺」鄭成功が打倒を果たしえなかった清朝。そんな清朝は、いかに時代の趨勢にこたえていったのか。多元化した「中華」は、いったいどこに向かったのか。その行きつく先には、いったい何があるのか。これが本書のモチーフとなる。

目次

第三章　雍正帝

第四章　「盛世」

凡例

・年月日は原則として西暦で記す。ただし必要に応じて、各地の元号・旧暦を交える。そのさい西暦を適宜、（　）で注記する。
・日付は旧暦と西暦とを区別して、前者を「十一月二十五日」、後者を「一一月二五日」のように表記する。
・史料の引用は簡単に典拠を記した。著述からの引用は必ずしも出典を明示していないけれども、巻末の参考文献に掲出してあるので参照されたい。

第一章　明清交代

1　落日と興起

明朝の華夷秩序

そもそも「中華」「夷狄」という概念で律せられる秩序体系ができたのは、清朝に先だって中国を支配した明朝の時代であった。それをまずみておかなくては、話が始まらない。

「中華」という観念や華夷の辨別《べんべつ》は、儒教・朱子学で強調するところであって、東洋史・中国史ではめずらしいものではない。あるいは日本人一般にも、おなじみの考え方だろう。しかしその理念がつねに、理念どおりに現実の対外秩序を構成していたかといえば、そうではない。おおむね意識・想念の範囲内にとどまっていたといえよう。それが喧伝され、重大な事件を突発的にひきおこすことはあっても、現実を継続的に律するような制度的な秩序機能を果たした例は、史上むしろ多くなかった。

華夷「意識」は一般的、通時代的なのに対し、華夷「秩序」は特殊的、一時的だといえばよいだろうか。そんな華夷秩序を実施、励行した明朝は、やはり特異な政権だったというべきで

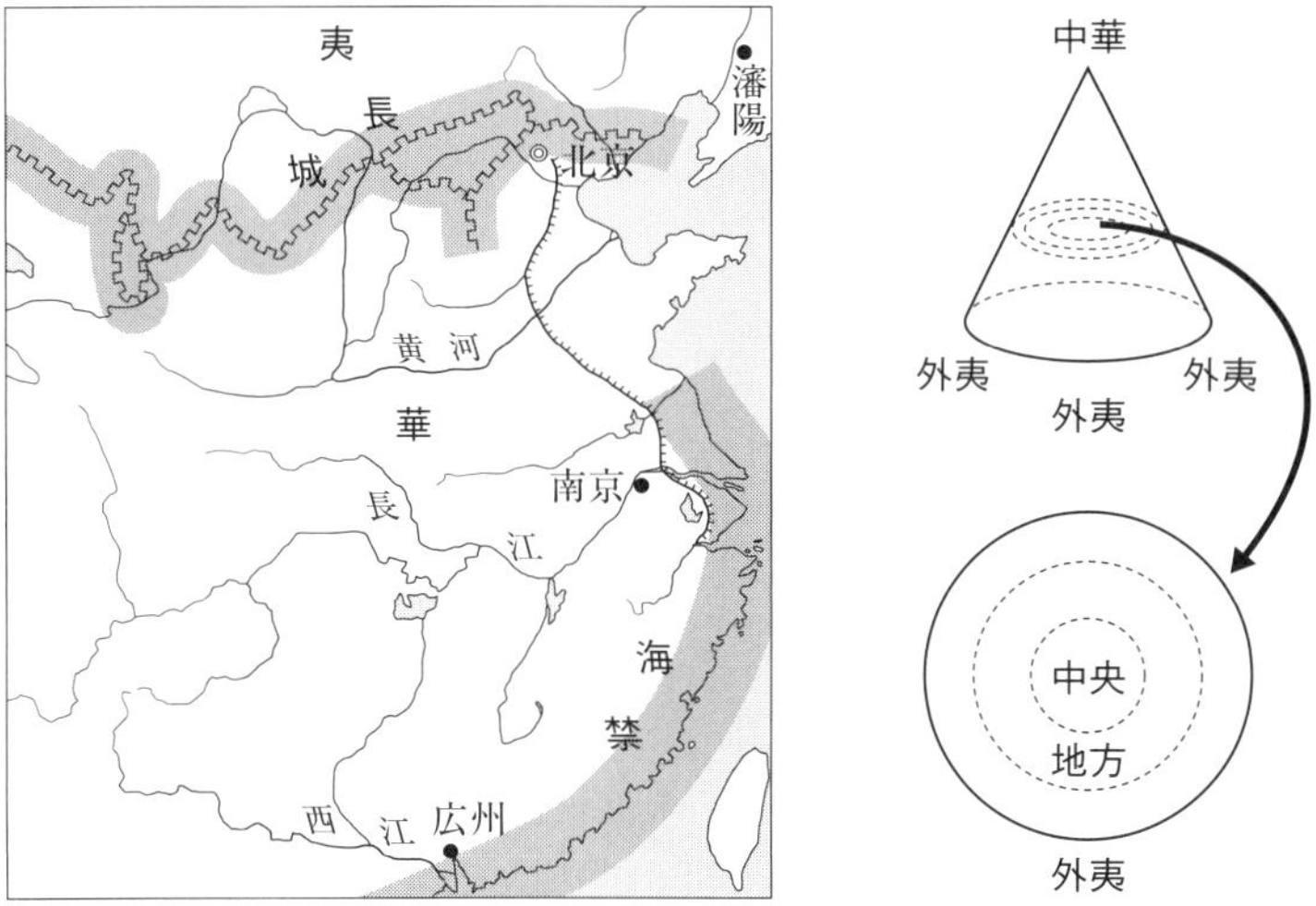

明朝の華夷秩序

ある。

以後の歴史はそれを前提にしなくてはならなかったために、その存在が当然だと思い込みがちなのだが、それを投影して、中国史・東アジア史を貫く常態と考えては、誤りであろう。逆にいえば、その特異な明代は、誤解もふくめて後世を規定したきわめて重要な時代だといってよい。

明朝の制度はよく「固い」と形容される。教条主義・原則主義・統制主義といいかえればよいだろうか。柔軟性・適応性に欠けるという意味でもあり、それは内外かわりなく通じる。

そのうち対外的な制度で最も重要なのが、「朝貢一元体制」である。「朝貢」とは、お土産《みやげ》をもってご挨拶に参上する儀礼行為にほかならない。われわれの日常でも、類したことは、普通におこなってきただろう。それを一定のイデオロギーにもとづく、いかめしい典礼にしたてあげたにすぎない。中国史では通時代的に、内外あらゆる場面であったことではある。

明朝はこの点、特異さがきわだっている。この典礼を対外関係に適用して、それを通じてでしか、外国との関係をもたない、とした。これはたいへんである。人々の生活にも密接不可分に関わってくるからである。

もちろんその朝貢の典礼は、純粋な儀礼手続ばかりでは終わらない。お土産・貢《みつ》ぎ物を持参するのだから、贈答がある。貢納には必ずお返しの下賜があり、ふつうは後者のほうが、はるかに価値が高い。とすれば、これも一種の取引なので、貿易もふくんでいる。使節団は大がかりなものだから、そのメンバーが交易をすることもありうるだろう。

朝貢だけに外国との関係を限る、ということは、貿易取引もそれを通じたものだけになるので、実質的には経済統制でもある。そこで治安維持のための海上交通規制も、合わせて運用された。いわゆる「海禁」である。「板切れ一枚、海に浮かべてはならない」。民間の自由な海域の経済活動は、厳しく制限されたわけである。

以上の規制・禁令、そして建前はずっと崩れなかった。これも明朝の「固い」側面である。いかに実質・実際がどうであろうと、理念・姿勢を容易にあらためない。これも中国流の一面だろうか。あたかも一つの漢字で、発音や品詞、あるいは意味がいろいろに変わっても、その字形・字面は全く変化しないのに似ている。

秩序の動揺

一四世紀の末に確立したそんな「固い」体制は、百年単位でみると、三つの段階をたどった。一五世紀にはなんとかもちこたえ、一六世紀には根柢から揺らいで実質が失われ、一七世紀にようやく終焉のときを迎える、というプロセスである。

もちろん一四世紀末の建国以来、明朝に臣礼《しんれい》をとり朝貢になじんで、その姿勢をあらためない朝鮮・琉球のような国もある。けれども、そうした国々をまきこんで、動揺をはじめたのが一六世紀だった。

それは、やはり大航海時代のたまもの、とりわけ経済力・軍事力を飛躍的に高めつつあった日本が、絶大な役割を果たした。その最たる現象が「倭寇《わこう》」である。実体はいうまでもなく密貿易であって、商業が高度に発達した中国内の貨幣需要と日本の中国物産渇望とが結びついて、禁令をのりこえ、「朝貢一元体制」を骨抜きにしたのである。交易は朝貢・政権とは別ルートで可能なことを立証し、定着させた。

もちろん日本だけではない。北方に隣接するモンゴルも、明朝と鋭く対立した。たびたび長城を越えて攻撃をくわえ、北京を包囲したことさえある。かくて自らに有利な貿易条件を認めさせたのである。

パワーが多元化しはじめていた。明朝の勢力は、数的・量的に測るだけなら、東アジアでなお圧倒的だっただろう。しかしその意思を一方的に貫徹し、一元的に秩序を維持できるだけの総合力は、もはやなかった。

「恭順な」朝鮮・琉球などはともかく、「朝貢一元体制」を日本・モンゴルに強要できなかったし、強要し得ても反撥したベトナムもいる。単なる「華」と「夷」の二分法と、それにもとづく関係の「一元」化ばかりでは、もはや世界秩序を構成することはできない時代になっていた。東アジア全域は治安の保てない、不安定な様相を呈する世界になったのである。

ジュシェン

そしてその明朝に取って代わるべき新たな勢力も、興起しつつあった。満洲《マンジュ》人・清朝である。満洲人とは、もともと遼東地域にいたジュシェン（女真／女直）、かつて金《きん》王朝を建てた種族の末裔である。遼河《りょうが》をだいたいの境として、西方の草原では遊牧、東方の鬱蒼とした森林地帯では狩猟採集を営んでいる。

かれらは集団としては、必ずしも強大な勢力ではなかった。人口だけでみても、大陸の明朝はおろか、半島の朝鮮にもおよばない。数が少ないばかりではなく、小集団に分かれてバラバラ、なかなか政治的・軍事的に団結できなかった。しかし遊牧狩猟をなりわいとするかれらは、尚武《しょうぶ》の気質に富んで剽悍《ひょうかん》無比、団結して「万に満つれば、敵すべからず」と恐れられた、というのは、金王朝の歴史をつづった『金史』である。

ジュシェンは一二世紀、急速に勃興して金朝政権を建て、自分たちを支配していた契丹《キタン》を滅ぼし、華北平原を席巻した。それがモンゴル帝国に滅ぼされると、ふたたび小勢力の分立状態にもどり、一四世紀末、明朝のはじめにいたって、洪武帝《こうぶてい》・永楽帝《えいらくてい》のもとに帰順する。以後、大陸・半島と平和裡に交易を営んで暮らしていた。

とりわけ人参《にんじん》や真珠、貂《てん》の毛皮が、その特産品だった。やがて、この高級物産に対する需要が、次第に高まってくる。一六世紀の世界規模の大航海時代とそれにともなう商業ブームがもたらした影響だった。地理的な条件からいって、とりわけ大量に金銀を産出した日本列島との関わりが大きい。

朝鮮半島に流れ込んだ日本銀は、絹製品や綿製品など中国物産の買付にあてられ、その一部は銀の対価として、日本へ運ばれる。輸出元の中国の側はもとより、いわば中継の位置にある朝鮮半島も、貿易の利益にあずかって、それがジュシェンの特産品に対する需要をうみだした。そして、往来交易が頻繁になればなるほど、それにまつわる紛争もふえてくるのは、理の当然である。

ヌルハチの興起

強大な隣人が忌むべき存在であるのは、古今東西の通則である。明朝はジュシェンの強大化を嫌って、これを分割して一種の間接統治をしいた。遼東半島に近い建州、その北に隣接する海西《フルン》と、それより東の野人に三分される。野人は左図のフルハ部・ウェジ部・ワルカ部にあたる。

ジュシェンが小集団に分かれて忠順なうちは、明朝も朝鮮も安心だった。反抗離叛する動きにも、対処できていた。朝鮮は一五世紀の世祖《セジョ》代、北方の野人を討伐しており、建州の李満住《りまんじゅう》が明朝に叛《そむ》くや、明軍と挟撃して李満住を捕縛、殺害する。なおジュシェンは脅威というには足らなかった。

ところが、一六世紀も後半になると、明朝では「北虜」の軍事的脅威が増大し、密輸はますます盛んになってゆく。遼東の辺境でも、交易が活潑になって、武装商業集団の活動が顕著になってきた。情勢は一変したのである。

遼東の南部地方は、すでに漢人が入植し、農耕をおこなっており、明朝の支配下にあった。瀋陽《しんよう》・撫順《ぶじゅん》・開原《かいげん》をふくむその領域は、ジュシェンの居住地のなかに、楔を打ち込むように突き出している。境界を区切るのは、柵・塁をめぐらせた「辺牆《へんしょう》」である。その内側と外側で、商業に依存する大規模な軍閥があいついで興ってきた。

その最後の成功者が、ヌルハチである。かれは「辺牆」と鴨緑江《おうりょくこう》にはさまれた建州の地を本拠としていた。挙兵したのは、秀吉の「朝鮮出兵」のおよそ十年前の一五八三年、父祖の復仇が主な目的だった。したがったのは百人の兵。かくも微々たる勢力が以後、東アジアの歴史を大きく変える。

　五年後、ヌルハチは建州一帯の対抗勢力をほぼ討ち滅ぼした。かれがこうして統一した集団をマンジュ国《グルン》という。やがてジュシェンにかわって、種族をさす名称となった。満洲《マンジュ》人というのは、ここに由来する。

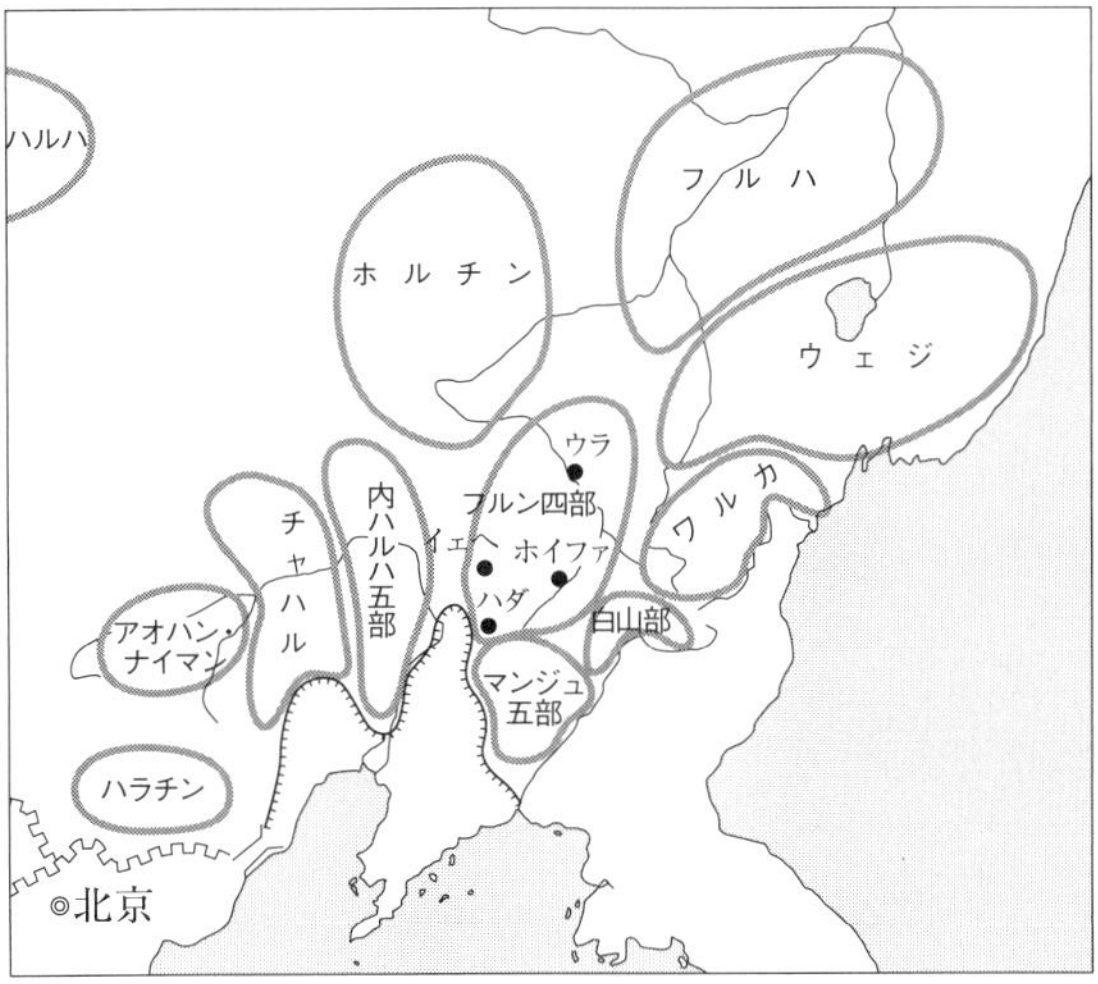

マンジュの勃興とその周辺（杉山清彦『大清帝国の形成と八旗制』より作成）

　西隣の明朝当局は、当初ヌルハチの動きをさまたげなかった。その勢力を許容し、安定した交易の窓口としておくほうが得策だったからである。その方針を主導したのは、遼東で三十年にわたり勢力をふるった大軍閥の李成梁《りせいりょう》。当時の力関係からみれば、むしろヌルハチは李成梁の庇護のもとに成長できた、といったほうがよい。

　李成梁の勢力もヌルハチのマンジュ国も、辺境の商業ブームに乗じてあらわれたもので、その本質はかわらない。それぞれ漢人、満洲人だけにとどまらない、華夷混成の武装商業集団であり、当時は両者が「辺牆」をはさんで共存する態勢にあった。

そんななか起こったのが、秀吉の「朝鮮出兵」である。朝鮮をまもるべく明朝も出兵し、日本と戦った。戦役は朝鮮の国土を荒廃させ、明朝の財政を破綻させ、両国には災厄以外の何物でもない。けれどもおそらくヌルハチには、有利にはたらいた。明朝の出兵にともなって、莫大な人員・物資が移動し、その経路にあたる遼東地方が、いっそう経済的に活気づいたからである。そして「朝鮮出兵」が終わるとともに、一七世紀の幕が開けると、この地域にも大きな転機が訪れようとしていた。

成長

一五九三年、フルン四部が近隣のモンゴル族ホルチン部と連合し、三万の大軍でヌルハチに戦いを挑んだ。その急速な成長に脅威を覚えたからである。劣勢にもかかわらず勝利し、勢力を拡大させたヌルハチには、全ジュシェンを統合する道が開けてきた。

ヌルハチの存在を許容していた明朝も、警戒を強めてきた。双方の対立が決定的になったのは、ヌルハチを庇護し、良好な関係を保ってきた李成梁が失脚したことにある。時に一六〇八年、これを境に明朝は、ヌルハチを敵視する政策へ転換し、その敵対勢力を支援しはじめた。

いっぽうヌルハチも明朝に対して、いっそう強気の姿勢で臨むようになっていた。そもそも漢人移民のあつかいや境界の設定など、紛争はたえなかったうえに、人参・貂皮《ちょうひ》の二大特産品を一手に握って、いよいよ有利な取引をもとめる。しだいに対立が深まり、一六一〇年代の後半に入ると、衝突はもはや時間の問題となっていた。

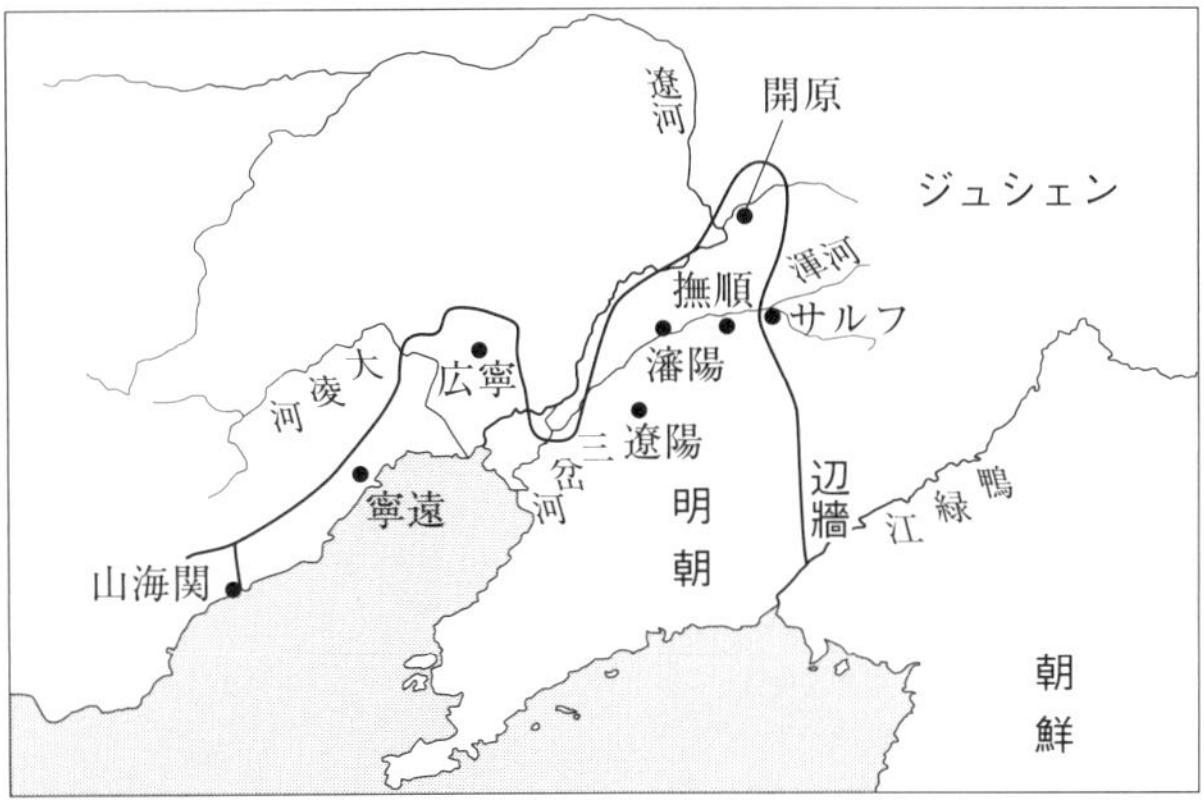

明末遼東地方

ヌルハチの挙兵から逝去まで、およそ四十年。その事蹟は三対一、前の三十年間と残り十年間とに大別して考えるとわかりやすい。いずれも戦争に明け暮れた毎日ではありながら、前者は明朝と協調して、ジュシェンの統一につとめた時期、後者は明朝と公然たる敵対の関係になった時期である。

全ジュシェンをほぼ統一したヌルハチは、一六一六年、その君主に即位する。あからさまに敵対の姿勢を示す明朝との来るべき対決にそなえて、体制の整備、内部の結束をはかった。

そしてその二年後、いよいよ明朝との正面からの対決を決意、いわゆる「七大恨《しちだいこん》」を宣言した。父祖の復仇から、取引の紛争にいたるまで、その明朝に対する怨恨は、歴史的客観的にそれが実在したか、正当かどうかなど、さしあたって問題ではない。こうすることが、とりもなおさず、ヌルハチの姿勢を内外に示すことになった、という事実が重要なのである。もはや明朝の秩序体系のなかで、かれらの生きる余地はなくなった。

そんな相剋はけっきょく、実力が決定する。ヌルハチは翌一六一九年、サルフで明朝と朝鮮の連合軍を破って大勝、最後までしたがわなかったフルンのイェヘ部を打倒、併呑した。さらに「辺牆」を越えて、明朝が領有し漢人が多数をしめる南方の地域に進攻、一六二一年には、瀋陽・遼陽を陥れる。まもなく遷都し、遼東に入植していた漢人をも支配した。百人の挙兵からはじまった小さな武装集団は、華夷混成の社会を基盤とする政権に成長をとげたのであった。

2 「大清国《ダイチン・グルン》」

ヌルハチの死

即位から五年間でヌルハチがとげた急成長は、遼東地域のパワー・バランスをすっかり変えてしまった。それまでは、明朝と朝鮮が二大勢力であって、その間はいわば空白地帯であった。だからこそ、明朝と朝鮮との、同じ世界観・秩序体系を有する二国間直接の関係も、支障なく保たれていたといえる。

ところが両者の間に、理念・秩序を異とし、しかも軍事的に勝るとも劣らない一大勢力が介在するようになっては、明朝と朝鮮との関係ももはや無条件で、円滑に継続できるとはかぎらない。そこで去就に頭をなやませたのが、より弱体で、よりヌルハチに近い朝鮮である。

ときに朝鮮の国王は光海君《クワンヘグン》。そのあたりの事情を知悉しており、明朝への臣礼は守りながら、しかもヌルハチとの関係を破綻させぬよう、心をくだいた。サルフの戦いでは、明朝に一万の援軍を送りながら、司令官の姜弘立《カンホンニプ》は、ほとんど干戈《かんか》を交えず、ヌルハチに降服した。

ヌルハチも朝鮮の曖昧な行動を、ことさら咎《とが》めだてはしなかった。その窮境をみぬいていたからである。明朝は依然、強大であるし、地理的な条件・歴史的ないきさつに鑑みれば、朝鮮が明朝にくみするのは、むしろ当然である。ヌルハチ自身も明朝と対決姿勢をとりつづける以上、両端を持さざるをえぬ朝鮮を硬化させて、みすみす敵対する側へおいやるわけにいかない。

西進をつづけるヌルハチは一六二六年、寧遠《ねいえん》で敗れた。守将袁崇煥《えんすうかん》が駆使するポルトガル製の大砲に屈したのである。かれは常勝将軍だった。四十年におよぶ戦績で、一敗地に塗《まみ》れたことはない。最初で、また最後の敗戦だった。ヌルハチは再起できず、まもなく世を去ったからである。

後を継いだのは、八男のホンタイジ。実力でのしあがった先代のヌルハチとは、まるで立場が異なっている。満洲人は長子相続ではなかったし、継嗣もあらかじめ決まってはいない。ホンタイジは兄弟ひしめきあうなか、その勢力バランスの上に君臨したから、自分の主導権を打ち立てるところから始めねばならなかった。

とりまく情勢はいっそう厳しい。ヌルハチの敗戦で、軍事上も劣勢に転じていた。首鼠両端《しゅそりょうたん》だった朝鮮の態度もかわってくる。ホンタイジが主導権を握るためにも、その政権が生き残ってゆくためにも、まず対外的な難局を打開しなくてはならない。

丁卯胡乱

ヌルハチ逝去に先だつ一六二三年、ソウルでは光海君を廃して、仁祖《インジョ》を擁立するクーデタがおこった。「仁祖反正」という。「反正《はんせい》」とは、まちがったものを正しきに反《もど》した、という意味だから、倒された光海君は、誤った暴君だということになる。

そもそも「光海君」という称号がふるっている。「君」とは王ではない。一等下った存在であるから、正式な国王として数えない、という意味であり、もちろん正しくなかったがゆえに、貶められてのことである。

その誤りの一つが、ヌルハチ・マンジュ国への宥和姿勢にあった。朝鮮王朝の正統教学の朱子学は、尊王攘夷を説き、ジュシェン・満洲は「夷」の最たるものだからである。南隣の政権はこれで、「攘夷」を標榜する敵対姿勢に転じた。

その「攘夷」、当の朝鮮政府はいったいどこまで本気だったのか。しかしホンタイジには、その真偽をみさだめる余裕などない。敵対の姿勢を示しただけで、行動をおこすに十分だった。腹背に敵をうける形勢が最も恐ろしいからである。即位した翌年の一六二七年はじめ、いきなり朝鮮に遠征軍を派遣した。

朝鮮側はまったく不意をつかれて大敗、江華島《こうかとう》に逃れた仁祖は、屈服せざるをえなかった。朝鮮ではこれを「丁卯胡乱《ていぼうこらん》」と称する。三月、満洲に兄事《けいじ》すること、軍事的に敵対しないこと、などの条件を朝鮮にのませて軍をひきあげた。

ホンタイジの目的は、不利な形勢の打開、明朝と敵対する自分たちの後顧の憂いを断つことにあったのだろう。したがってさしあたっては、軍事的に屈服させておけばよかった。つまりごく実利的な観点からの講和条件であって、朝鮮との関係を根柢からかえようとする意図と必要は、当時はなお希薄だった。

すでにそこが、朝鮮側と齟齬をきたしている。かれらのほうは、「仁祖反正」でわかるように、満洲ほど現実的でも実利的でもなかった。ともかく目前の利害よりも、朱子学的な教理のほうが優越する。現実・情勢よりも観念・イデオロギーが重要なのは、朝鮮のエリートに古今共通する特色かもしれない。

姜弘立

そんな当時の事情を体現するのは、朝鮮の君主・光海君その人である。かれはなまじいに現実の利害で行動したため、「反正」で廃された。臣下で対をなす人物としては、すでに登場した姜弘立である。

かれは十年ほど前、明朝との連合軍としてサルフの戦いに出陣し、ヌルハチ軍に降伏した。これは光海君があらかじめ、姜弘立にいいふくめておいたともいわれている。明朝・ヌルハチいずれとの関係をも破綻させないよう、心をくだいていたのは事実だった。

投降した姜弘立本人たちは、抑留されながらも厚遇を受けた。光海君の企図を慮ったヌルハチ側の配慮であろう。案の定、姜弘立は光海君としばしば密書をやりとりして、マンジュの事情を伝え、光海君政権の両端政策を支えていた。

ところが情勢はかわった。主君は廃され、ヌルハチも逝去する。あげくに間をとりもってきた双方は、破局をむかえた。姜弘立はホンタイジの派遣した遠征軍の案内役をつとめて、仁祖政権攻撃の一翼をになう。そして圧倒された朝鮮政府を説得して、講和にこぎつけた。

かれはそのまま朝鮮に残留するものの、のち半年も生き長らえていない。七月に歿した。すでに還暦をはるかに越えた老齢ではあったけれども、祖国で逆臣叛徒あつかいを受けたことはみのがせない。光海君と同じ処遇である。現実を直視して朝鮮のためにつくしたかれは、けっきょくイデオロギーにそぐわなかった。そんな人物は、朝鮮ではこうした末路をたどるほかない。

死後、名誉は回復されたのが、せめてもの救いではある。けれどもその精神が、以後の朝鮮で生かされたとは思えない。ホンタイジ政権と仁祖政権はあらためて対決する運命をたどっていったからである。

皇帝即位

明朝と敵対対峙するホンタイジは、少しづつ地歩を固めていった。一六三四年のモンゴル遠征は、その勢力拡大の一大画期をなす。

この遠征で、西隣する現在の内モンゴル、チャハル部が帰順した。ホンタイジはこれを機に、チンギス裔の血統で権威が高いチャハル家をとりこんで、自らをモンゴル帝国の大ハーンの後継者に擬し、満・蒙・漢三族の推戴をうけて皇帝に即位する。年号を崇徳《すうとく》とあらため、国号を「大清国《ダイチン・グルン》」とした。クビライの「大元国《ダイオン・ウルス》」そっくりである。時に一六三六年、いわゆる清朝の成立である。

すでに満洲人全体、そして遼東に居住する漢人の君主であったホンタイジは、モンゴル人にも君臨した。満・蒙・漢三族共有共通の君主となったために、それにふさわしい地位・肩書も不可欠だったわけである。

ホンタイジ・清朝はこれで実力はともかく、明朝と比肩する地位に立った。別の面からみれば、明・清はほんとうにあい容れない存在にもなる。明朝はモンゴル帝国の否定の上になりたつ政権だから、その再来たる清朝を認めるわけにはいかなかった。それでなくとも、儒教的な理念からいうなら、皇帝は天子であって、天命を受けた存在であるため、天下に一人でなくてはならず、清朝の帝号僭称《せんしょう》は許せない。天が二つない以上、天命も天子も唯一無二であるはずだからである。

丙子胡乱

そんな理念をもっていたのは、明朝ばかりではない。その朝貢国たる朝鮮は、勝るとも劣らず儒教理念に忠実だったから、明朝と清朝のはざまで、またもや難局にたたされることになる。

そもそもホンタイジが皇帝に即位するにあたって、朝鮮の向背は一大問題となっていた。かれが新たに攻め込んだのはモンゴルと朝鮮であり、前者がすすんでホンタイジを皇帝に推戴しようとしたのに対し、後者はまったく関知していなかった。

ホンタイジからみれば、「汝らモンゴルは我が子弟、朝鮮国王も我が弟である」。相似た立場にあるはずの両者が、異なる行動をとるのはおかしいから、皇帝推戴を朝鮮国王にも知らせよ、と命じ、仁祖にあて、「親近の子弟をつかわし、ともに推戴すべし」と勧告する書翰《しょかん》を送った。一六三六年の春、朝鮮朝廷にその目的が伝わるや、果たして朝議は沸騰、けっきょくこの書翰は受理されなかった。

しかしホンタイジ自身、朝鮮がそのよびかけに応じる、と本気で信じていたわけではあるまい。これはむしろ、朝鮮に明・清どちらにつくか、最終的な決断を迫ったとみるほうが適当である。

ホンタイジは案の定、仁祖政権が拒絶の姿勢を示したとみてとるや、大清国皇帝に即位した同じ年の末、自ら十三万の兵をひきいて朝鮮へ出兵する。

三田渡碑

親征にふみきったのは、十分に四囲の情勢をみきわめたうえで、全力を注いでも不安はない、と判断したためであろう。いわゆる「丙子胡乱《へいしこらん》」であり、清韓の関係はふたたび、破局をむかえた。

清朝軍は義州《ぎしゅう》から鴨緑江をこえて朝鮮半島になだれこみ、仁祖を南漢《なんかん》山城《さんじょう》に囲んで屈服させる。受降壇を設けて仁祖自ら、ホンタイジに降服の礼をとる、という手の込んだ演出までほどこした。時に一六三七年二月二四日。朝鮮が清朝に服属したことを、誰の眼にもわかるようにしたものであり、それは同時代人のみにかぎらない。いまも残る三田渡碑《さんでんと》は、受降壇の故地に建てられた「清太宗《しんたいそう》の功徳碑」である。服属の事実を永く伝えるためだった。

清韓関係

この「丙子胡乱」は、同じ「胡乱」でも、さきの丁卯胡乱の比ではなかった。かつてない規模の軍事行動、戦勝というにとどまらない。後代に対する影響がいっそう甚大だった。ホンタイジ自身が自覚していたかどうかにかかわらず、朝鮮じしんが棄てようとしない明朝との関係、ひいては明朝が固執しつづける東アジア在来の秩序体系そのものを変えようとする挑戦であったからである。

清朝の側からすれば、朝鮮が軍事的に屈服した十年前から双方は「兄弟」で、相い争うべき関係ではなかったはずである。ところがそのままでは、朝鮮の側が清朝の建国・ホンタイジの皇帝即位をみとめず、敵対しかねなかった。明朝との関係を断たずにいたからである。

そのため朝鮮政府には、清朝皇帝に対する自らの従属をリアルに納得させなくてはならない。念の入った降服の儀礼も、その一環である。朝鮮におしつけた講和条件も、やはり同じであった。

このとき定めたのは、朝鮮は明朝との関係を廃棄し、清朝に対して臣礼をとること、年号の使用もふくめ、その朝貢・儀礼の手続いっさいは、明朝との旧例に倣うべきこと、などである。つまり、明朝とのあいだにあった関係を、そっくりそのまま清朝に移し換えるものであった。

もちろん、まったく同じになりえたわけではない。明朝は当時、衰えていたとはいえ、なお強大である。朝鮮は二百年以上、その明朝に朝貢し臣礼をとってきた。そんななか、朝鮮に明朝との関係を断たせて、自らに背かせず、服従させつづけるのであるから、清朝も鷹揚寛大にはなりえない。朝鮮に対し、王世子《おうせいし》の瀋陽抑留、歳幣《さいへい》の負担や明朝攻撃の援助など、苛酷な義務を強いたのも、そのためである。明朝の存在が消滅するまで、それを続けなくてはならなかった。

3 入関

ドルゴン

清朝が拡大し、朝鮮も屈服して、従前の東アジアの勢力関係は、にわかに変動をきたした。

明朝は大きな兵力を北京近辺の長城内外に貼りつけて、その侵攻を防ぎ、あわよくば反撃しようと対峙をつづけた。

明朝は何といっても、東アジア第一の大国である。版図の広さはいわずもがな、人口・経済力も圧倒的な優位にあった。清朝の存在を決して認めようとしないその中華意識も、あながち虚勢ではない。ヌルハチもけっきょくは敗退したし、ホンタイジも明朝と肩を並べる地位には立ってみたものの、現実に打倒できる見通しがあったわけではない。

清軍が長駆迂回し長城をこえて、北京を攻撃したことはある。けれども目立った戦果はなかったし、依然として要衝の寧遠を抜けず、正面から長城を突破することはかなわなかった。ホンタイジは志を得ぬまま、崇徳八年（一六四三）に歿する。

後を嗣いだのは息子のフリン、のちの順治帝《じゅんちてい》だが、なお数え七歳、あまりにも幼少だった。このときもホンタイジの継承と同じく、その背後に激しい権力争いがあったのは、想像に難くない。実権を掌握したのは、ホンタイジの末弟・睿親王《えいしんのう》ドルゴンである。

かれは才知明敏にして、ホンタイジの後継者としても、有力視されていた人物だった。しかしかれは、先代の治世をみている。多くの兄がいるなかで、ホンタイジがどれほど苦心して、その主導権を掌握したか。なまじいに正式の皇帝になって浮き上がってしまうよりも、身を引いて臣下の立場で確実なイニシアティヴをとるほうが賢明である。そう判断したかれが、率先して順治帝の即位をおしすすめ、自らは摂政王《せっしょうおう》になって、幼帝の代わりをつとめることになった。もとよりそれに反感をもった向きも少なくない。清朝も内外不穏な情勢で、先の展望の見えぬ苦しい局面ではあった。

ドルゴンは一六四四年、明朝へ出兵した。何か成算があったわけではあるまい。ともかく自らの主導権発揮、国内の引き締めと敵情の威力偵察を兼ねた措置だったのだろう。しかしこの軍事行動が、思いもよらぬ結果をもたらすことになる。

明朝滅亡

その間、長城を隔てた明朝治下の中国内では、名状すべからざる混乱がひろがっていた。一六世紀末の万暦年間、内憂外患は頂点に達している。秀吉の「朝鮮出兵」、日本との戦争もそれに一役買っていた。ともなう軍事行動、財政支出、あげくに苛斂誅求《かれんちゅうきゅう》の混乱があいつぐ。明は万暦で亡ぶ、とよくいわれるところであって、王朝政権としての命脈は、すでに尽きていた。

以後一七世紀に入っての内外の混迷ぶりは、エスカレートするばかり。次の天啓帝《てんけいてい》の御代は、寵臣の宦官《かんがん》・魏忠賢《ぎちゅうけん》が権勢をふるって政権を牛耳り、有名な東林党がそんな政府を批判して、党争が劇化した。だが、国政・政策が問題だったわけではない。争ったのは内廷の儀式典礼、つまり天子の家事である。天下万民の情勢には関わりない、ごく末梢的な問題に過ぎず、国運険しい時期、そんな政争しかできなかったことが、末期症状ぶりをよくあらわしている。

その後を継いだ弟の崇禎帝《すうていてい》が、明朝最後の皇帝。かれは毅然果断、前代の弊政を矯《た》めるべく、宦官を粛清し、庶政刷新に心がけた。けれども対外情勢は清朝の興起があって、悪化の一途をたどっている。

帝の果断さはそこでは、往々にして軽率に転化し、有効な対処ができなかった。寧遠でヌルハチを撃退する功をあげた有能な袁崇煥を処刑したのは、その最たるものである。

北京政府の内部ばかりではない。崇禎帝が即位する以前から、財政は窮乏をきわめ、地方は騒擾《そうじょう》で紛糾していた。もはや治安が保てない状態になっていたのであって、そこに起こったのが、帝の元年・一六二八年、陝西《せんせい》の大旱魃である。これをきっかけに、反乱が各地で頻発した。

その中から擡頭してきたのが、李自成《りじせい》の勢力である。かれは陝西省延安の人、駅伝の運送人夫だった。ところがその駅伝が、財政難のために廃止されて失業、反乱に身を投じる。

かれが率いる反乱軍は、すぐれて機動的だった。おそらく駅伝という輸送・宿場ネットワークを地盤にしていたのだろう。各地を転戦して、勝敗こもごもあったけれども、その勢いはむしろ拡大していった。鎮圧のままならない当局からは、「流賊《りゅうぞく》」と恐れられたのである。

しかしいつまでも、流れ者ではなかった。李自成は崇禎十七年（一六四四）はじめ、湖北省の襄陽《じょうよう》から河南の平野に出て、そこから、西安に入った。独立国家を作ろうとのもくろみである。国号・元号を定めて、明朝と真っ向から対決する姿勢を明らかにした。

同年二月、李自成は自らの勢力をこぞって西安を出発、進撃を開始した。北京の守りの手薄なことを察知し、直接攻撃をもくろんだのである。途上でも北京でも、ほとんど抵抗はなかった。翌月、北京は陥落し、崇禎帝は紫禁城《しきんじょう》外の景山《けいざん》で自縊《じい》、明朝はあっけなく滅亡したのである。

長城突破

明朝が李自成を防御、撃退できなかったのは、清朝に対する防衛に力を注いでいたからでもあった。このころ、その前線に立っていたのは、呉三桂という武将である。かれは遼東の出身、崇禎十四年（一六四一）から寧遠で、明軍を指揮していた。さしづめ、かつてヌルハチを防いだ袁崇煥の位置にあたる。しかしかれは袁崇煥のように、満洲を撃退もしなければ、処刑されもしなかった。

明朝政府は李自成の軍が北京に迫るとの報を受けると、呉三桂を北京にもどして首都の防衛に当たらせる。しかし間に合わなかった。北京陥落の知らせが途上の灤州《らんしゅう》で、呉三桂軍のもとに届いたからである。長城東端の要衝、山海関《さんかいかん》にはドルゴン率いる清軍が迫っていた。呉三桂は前方に李自成、後方に清朝と挟まれる形になって、窮地に立たされる。どちらにつくか、その去就進退は呉三桂の命運のみならず、東アジアの歴史を決定づけるものであった。

迷ったあげく呉三桂が決意したのは、「流賊」の討伐である。呉三桂が李自成ではなく、清朝を選んだについては、北京に残した家族や愛妾が悲惨な運命をたどった遺恨による、との伝説もある。しかし本心の動機は、このさい問題ではない。その選択はまぎれもなく、重大な歴史的役割を果たすものだったからである。

もっともこのままでは、北京を攻めるには、兵力が足らないし、背後を襲われかねない。そこで呉三桂は、敵対する清軍に密使を送って、援軍を要請する。

流賊が宮城に侵攻して先帝はあえない最期。天人共に憤り、人心はすっかり離れておりますれば、三桂《わたし》も朝廷から厚恩を受けた身、兵を挙げ罪を問いたいところでございます。ですが、いかんせん兵力が集まりません。ただ助けを乞うのみでございます。流賊を滅ぼしたあかつきには、わが朝が報いること、金帛はいわずもがな、土地を割いて進ぜましょう。

ドルゴンは思いがけず、敵軍前線の司令官から密使が来たばかりか、その君主の最期まで告げられて、さぞかし驚いたにちがいない。しかしそれをおくびにも出さず、泰然と返書を送った。

いま聞けば、流賊は明主《みん》を亡き者とした由、憤怒に堪えぬ次第であり、言われずとも、義兵を起こして、賊を滅ぼし、民を水火の苦しみから救出するつもりである。いま書状を寄こされたのは、いかにも喜ばしい。もし麾下を率いて帰順なさるなら、必ずや明の故土に封じて王の爵位を与えよう。国の復仇にもなれば、身の安全にもつながるぞよ。

『東華録《とうかろく》』という清朝の年代記にみえるこのやりとりは、互いの立場と知略をよくあらわしている。呉三桂はあくまでも前線を守る明朝の将軍として、対峙する敵国の清朝に援助を求めたにすぎない。しかし進退窮した立場にある。それに応ずるかのように、ドルゴンは高圧的な態度に出て、あくまで呉三桂の降服・帰順を強いた。もはや明朝は存在しないものと喝破《かっぱ》し、その弱みを鋭く撞《つ》いている。呉三桂は屈従するほかなかった。

ドルゴンの機略縦横は驚歎に値するが、そればかりではない。すでに亡き明朝の後を承け継ぐ、という決意を固めているのである。これぞ東アジアの世界秩序に大転換をもたらす、呉三桂の選択以上に重大な歴史的な決断だった。このときの二人は、やはり千両役者というべきだろう。

山海関の城門は開かれた。清軍はこれを無抵抗で接収、降服した呉三桂の出迎えをうけ、その軍事力をも吸収する。ドルゴンはかくて、父祖宿願の長城突破を果たした。これを漢語で「入関」、山海関の内側に入る、という。

「流賊」の打倒

しかし清朝は父祖の時代のように、明朝が敵ではもはやない。すでに次のステージに達していた。明朝の後を継いで漢人に君臨することが、当面の事業となる。

まもなく第一の試練が訪れた。「流賊」李自成みずから率いる大軍が、呉三桂軍打倒のため、山海関に押し寄せてきたのである。清軍は十分に休息し、英気を養ったのちに、城門を開いて打って出た。一大会戦である。満洲騎兵が大きな威力を発揮して、李自成軍は敗退、清軍は一挙に北京へなだれこんだ。

ほうほうの体で北京に逃げ帰った李自成は、紫禁城の宮殿に火をかけ、金銀をかき集めて退去、西方へ落ちのびていった。正門から北京に入ったドルゴンは、焼け残った宮殿の玉座につき、さきに崇禎帝を見限って李自成を奉戴した明の百官の拝賀を受けた。明清交代の瞬間である。

ドルゴンはまもなく自ら縊死《いし》した崇禎帝を悼み、三日間の喪に服した。まもなく順治帝はじめ宮廷を紫禁城に迎えて、多くの満洲人が移住した。のみならず、明の十三陵の祭祀を継続したりする。いうまでもなく、清朝政権が亡んだ明の後継者たることを闡明《せんめい》し、北京で君臨する正統性を、漢人に示そうとしたのである。

清朝の本拠は以後、北京に遷る。あくまで明朝を尊重して漢人に正統性を示すこの路線は、ドルゴンの死後も一七世紀いっぱい、ずっと継続した。半世紀以上の時間をかけて、明清の正統的な交代という意識は、ひとまず定着してゆく。

理念だけではない。「流賊」の追討もすすんだ。山西からもと本拠の陝西にのがれた李自成は、東から潼関《どうかん》を突破した清軍に敗れ、翌一六四五年には滅ぶ。李自成と分かれて四川に勢力

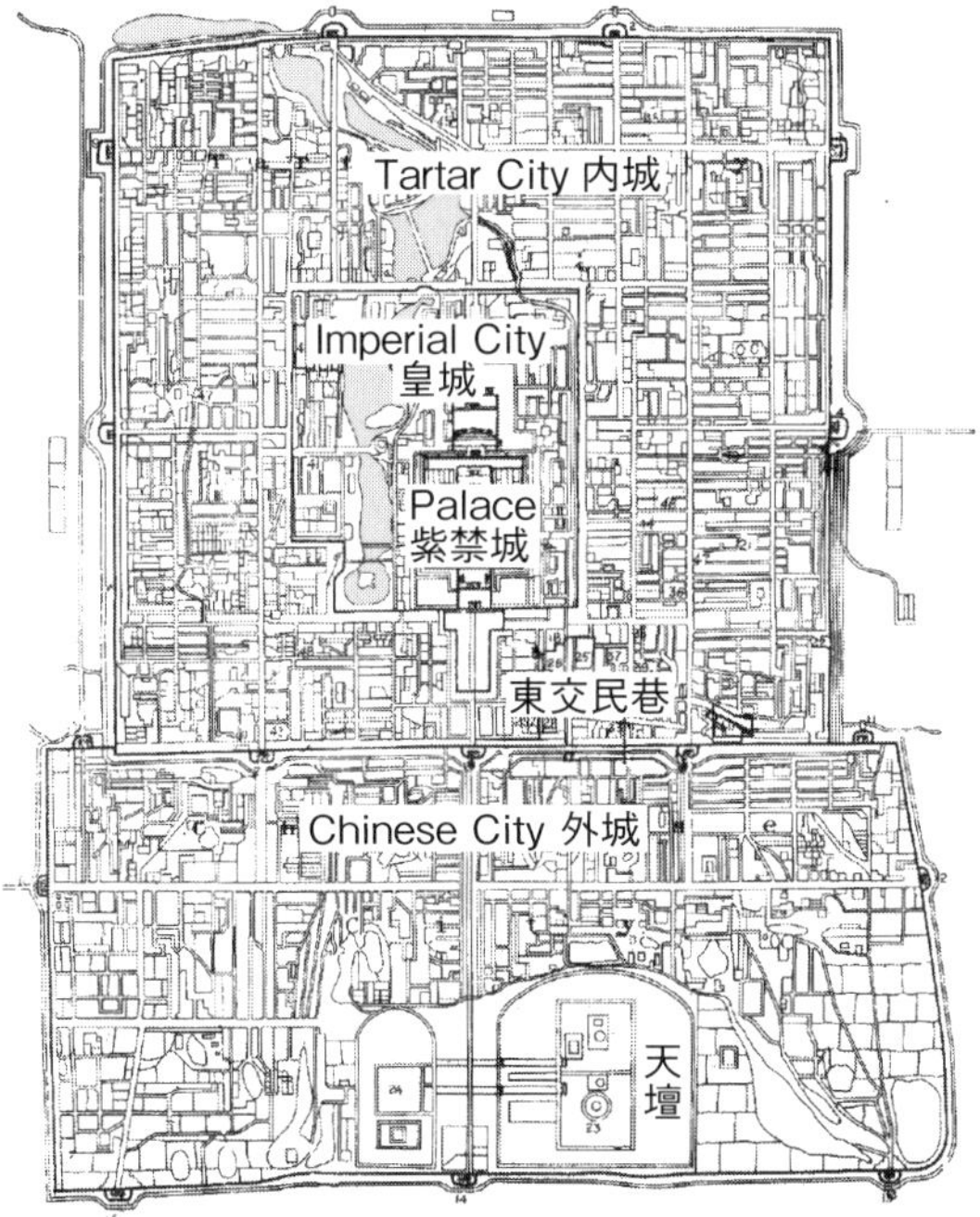

北京：20世紀初頭の図。内城が明代の規模の北京城で、清朝の「入関」で八旗旗人の居住区となった。Tartar（韃靼）というのはそのためである。もと居住していた漢人たちは南方の郊外にうつされ、外城が居住区になった。（H. B. Morse, *The International Relations of the Chinese Empire*, Vol. 3, Shanghai, etc., 1918より作成）

を張っていた張献忠《ちょうけんちゅう》も、まもなく討たれた。

この間の戦乱で、西方では厖大な人命が失われた。とりわけ張献忠の殺戮《さつりく》癖は有名で、かれが拠った四川省は、人煙ほとんど絶え、以後の四川の復興と開発は、外来の移民の手になると称せられる。

南明の興亡

もっとも地方をみわたせば、現実の情勢はまだまだ不安定である。清朝は北京に腰を落ち着け、「流賊」を討ち果たしはしたものの、なお抵抗をこころみる勢力が少なくなかった。

ドルゴンが「薙髪令《ていはつ》」を発布して、満洲人の習俗である辮髪《べんぱつ》を漢人に強要したのも、そんな情勢に鑑みて、敵味方の区別を明確にしたかったからだろう。異形の風習に抵抗する漢人は少なくなかった。それでもドルゴンは、「頭をとどむれば髪をとどめず、髪をとどむれば頭をとどめず」と、辮髪か斬首かの二者択一を迫って、抵抗を押し切る。少し髪を残して辮髪にするくらいなら、すべて剃ってしまったほうがまし、と心ならぬ僧形の人々も続出した。

それでも人の慣れというのは恐ろしいもので、二〇世紀の辛亥革命《しんがいかくめい》・清朝の滅亡により、今度はこの辮髪が禁ぜられて切らねばならなくなると、みなこれを涙ながらに惜しんだという。

そんな辮髪を屑《いさぎよ》しとしない敵対勢力の最たるものが、南明《なんみん》である。明朝は皇帝のいる北京のほか、南京に陪都《ばいと》を置き、また各地に一族を王に封じており、崇禎帝が自殺した当時、そんな諸王がなお健在だった。「南明」とはかれらを擁して、明朝の再興をはかった諸勢力を総称したものである。

まず清軍の標的になったのは、南方の中心であり、小規模ながら政府も置かれていた陪都の南京である。ここに万暦帝の孫・福王《ふくおう》を擁立して独立政権がたてられていた。

この動きに対するドルゴンの批判は、痛烈だった。やはり『東華録』に載せるその大意を記そう。

> いま南京で自立しようとする者があると聞く。……さきごろ、流賊が北京を侵して、崇禎帝を亡き者にしたさい、中国の臣民は誰も一矢を報いなかった。呉三桂の要請を受けて、わが朝は旧き友好を思い、近日の怨恨を棄て、賊を駆逐したのである。……北京に君臨したのも、流賊から取りもどしたものであって、明朝から簒奪《さんだつ》したものではない。流賊は明朝の仇敵ではあっても、わが朝の罪人ではなかった。われわれはそれにもかかわらず、明朝の恥を雪《そそ》いで大義を明らかにしたのである。いま南方に天子をたてるなら、あえて天に二日あらしめるに等しい。

要するに、天命を失った明朝を後継したのは清朝であって、「南明」に正統を主張する資格はない、との宣言である。「誰も一矢を報いなかった」とは頂門の一針、いまさらあえて明朝の復興を名目に自立するなら、討伐するしかない。

南京の福王政権は、ここまでいわれても、内部で党争をくりかえしていた。その間に、清軍は南京の北の守り、揚州《ようしゅう》を陥れて、ここで見せしめの大虐殺をおこない、まもなく長江をわたって南京を陥れる。福王もとらえられて殺された。

南京が落ちると、また各地で明の一族が自立した。浙江《せっこう》から福建にのがれた唐王・魯王、広西で擁立された桂王などがいる。唐王は帝位に即き、隆武帝《りゅうぶてい》と称したが、まもなく清軍の追撃で殺害された。魯王は厦門《アモイ》にいたって、海上勢力と合体する。桂王も帝位に即き、永暦帝《えいれきてい》と称したものの、さらに追撃をうけ、雲南の奥地に逃げ込んだ。最後はビルマで捕らえられる。

一六四四年の「入関」から清朝を率いてきた摂政王ドルゴンは、北京で執政すること六年、三十九歳で歿した。もちろん南明の掃討作戦は、かれの死後もつづく。魯王が歿し、永暦帝も殺され、南明が滅亡するのが一六六二年。その年は、順治帝もすでに亡くなっていて、後を嗣いだ康熙帝《こうきてい》の元年であった。

明清交代はこれで、名実ともに完了したかにみえる。しかし清朝がそれで、中国・漢人をまったく掌握しきったわけではない。ここまで二十年近くの過程は、いわば「正統」の継承、政権の交代だけである。現実の権力・勢力、実質的なパワーの整理・統合はなおできていなかった。それは次代・康熙時代の課題となる。

第二章　変貌する東アジア

1　中国併呑

「三藩」

清朝の「入関」・明清交代は、史上の奇蹟といってよい。明朝は清朝に比べて、途方もない大国であった。経済・文化はあらゆる面で凌駕していただろうし、軍事力も圧倒的な物量の差によって、いかに武勇すぐれた満洲人でも、優越できたとはいえない。常勝将軍のヌルハチは、ポルトガル製の大砲・紅夷砲《こういほう》の威力に屈したのである。

そもそも人口を単純に比較しただけでも、清朝は一億の明朝中国の一パーセントに満たない。そんな清朝が代わって中国に君臨するのだから、明朝の政権はよほど疲弊、頽廃していたわけで、北京にのりこんだ清朝は、そこから生じた社会の混乱をも、相続せねばならなかった。

そのあらわれが「流賊」や南明という明末の騒乱だったのである。けれども、それを鎮定すれば、終わりではなかった。清朝の中国統治は、むしろここから成否を問われることになる。

その焦点は二つ、ひとつは大陸、いまひとつは海上にあった。

まずは大陸のほう。南明を平定してみると、華南には大きな勢力が蟠踞していた、いわゆる「三藩」である。「三藩」とは雲南の平西王呉三桂・広東の平南王尚可喜《しょうかき》・福建の靖南王耿継茂《こうけいも》のことをいう。

いずれも明朝の末期、清朝に降った漢人の軍閥である。呉三桂はすでにみたとおり。尚可喜と耿継茂の父耿仲明《こうちゅうめい》は、「入関」以前から清朝につかえていた武将で、ドルゴンは「流賊」・南明など、なお中国に残る抵抗勢力を、かれら漢人部隊に攻撃させた。呉三桂らは北京から最も遠い東南・西南の地方を転戦して、この間に最も大きな戦功があったといえる。南明の永暦帝をビルマまで追いつめて捕らえたのは、呉三桂であった。

清朝はかれらを存分に利用することで、明朝に取って代わり、中華皇帝として漢人に君臨できた、といってよい。清朝はそれだけに、かれらを優遇した。藩王として封じたのも、そのあらわれである。

藩とか王とかいっても、独自の属領・政府をもつわけではない。けれども清朝は僻遠《へきえん》の地の騒乱を鎮定し、治安を維持するため、直属の軍隊を有するかれらに指揮権を委ね、財政援助を与えた。

それなりの理由はある。何といっても大乱のあと、「流賊」は滅びても、その勢力を構成していた人々がみな、すぐにいなくなるわけではない。こうした反権力・反清的な兵卒らは、騒乱を鎮めた呉三桂らの軍団に吸収された。南明の場合も、同じである。そんな輩をおとなしくさせておかなくてはならない。それには俸給をあたえ、生活を安定させる必要があって、そこで厖大な費用がかかる。藩王が自給できないということであれば、中央からの財政援助が必要だった。当時、全国税収の半ばは「三藩」に費やされる、といわれたほどである。

南明との戦いが継続している間ならまだしも、それが終わって、ひとまず平時に復しても、「三藩」はなお藩王として居坐った。大きな軍隊をもち、管内の人事も思うがまま、これでは清朝の政権は確立しえない。とりわけ当代随一の軍事力を擁していた雲南の呉三桂の存在が、北京にとって不気味であった。

康熙帝の登場

この間、清朝の中央権力は、なかなか安定をみていない。ドルゴンの死後、ようやく自身の権力を確立しつつあった順治帝も、順治十八年(一六六一)に二十四歳の若さで崩じた。代わって即位した康熙帝は、わずか八歳。二代つづいて幼帝であり、やはり権臣が実権を握った。

しかし今度は、権臣のほうがドルゴンほどの器量はなかったし、また何より帝本人が、ドルゴンに牛耳られた先代とは異なっていた。雌伏八年、十六歳になったばかりの青年皇帝は、権臣たちを力づくで排除し、はじめて政府の主導権を獲る。この果断と武略が康熙帝最大の長所であった。

康熙帝（J. Bouvet, *The History of Cang-Hy, the Present Emperour of China*, London, 1699より）

まずそれが遺憾なく発揮されたのが、「三藩」に対してである。康熙が即位してから、主導権を握るまで、「三藩」の割拠状態が続いていた。若き皇帝の眼前には、すでに鼎《かなえ》の軽重《けいちょう》が問われる事態が存在していたのである。

平南王の尚可喜が康熙十二年（一六七三）、老齢のゆえに引退したいと申し入れた。これは息子の尚之《しょうし》信《しん》と不和になったがゆえのことであり、その間の事情を見抜いた康熙帝は、可喜ひとりの隠居は許さない。之信ともども北京にもどり、平南王府を撤廃するよう申しわたした。

強硬な姿勢に驚いたのは、当の尚可喜ばかりではない。ほかの二藩、とりわけ最大の勢力を誇る呉三桂が、いっそう狼狽をきたしたのではなかろうか。従来から擅恣《せんし》にふるまってきたかれのこと、北京の矛先が自身に向いていることを自覚しなかったはずはないからである。

しかしこうなっては、ほかもバランス上、倣わないわけにいかない。呉三桂も引退を申し出る。もとより隠居が本意ではない。むしろ北京の方針・覚悟を試すにいい機会とみたのである。清朝が広東・雲南を同時に撤藩するなど、どうせ無理だとたかをくくり、慰留をうけ、現状維持の結果になって当然だと思っていた。

北京政府の側もそこは見越していたから、逆に判断をつけかねた。相当に慎重な意見もあったのである。ところが康熙帝は決然、呉三桂の申し入れどおりに、引退を受諾し、平西王府の閉鎖に踏み切った。これは断乎「三藩」を撤廃する、という若き帝の意思表明であり、呉三桂に対する威嚇でもあった。当時の康熙帝でなくては、できない役割だったといえよう。

乱の平定

驚いた呉三桂は案の定、叛乱をおこした。一六七三年のことになる。広東の平南、福建の靖南両藩をも語らってのことで、次代の尚之信・耿精忠《こうせいちゅう》が呉三桂に与した。これを「三藩の乱」という。

しかしこの叛乱は、いかにもアピールに乏しかった。漢人の清朝への反抗というなら、明朝の復興がもっとも効果的だが、「三藩」は真っ先に明朝を見限って、清朝に帰順した張本人たちである。呉三桂にいたっては、明朝の復興をはかろうとした南明を、その手で葬り去っていたから、今さら復明《ふくみん》をとなえても、はなはだ説得力に乏しい。そうしたところから、「三藩」

に呼応して清朝に対抗する勢力は、ほとんどなかった。

それでもさすがに、漢人最強の軍団である。慣れない華南が戦場ということもあって、北京の側もおじけづいていた。呉三桂は緒戦連勝の勢いで、長江の線まで北上する。たちまち康熙帝は、守勢苦境にたたされた。

とはいえ、もはや還暦を過ぎた呉三桂は、老齢退嬰をまぬかれない。挙兵のときも一挙に首都を衝くべし、あるいは長江を下って、経済の心臓部の江南を占拠すべし、との進言があったけれども、耳を貸さなかった。かれにはもはや、あくまで北京・南京を急攻して清朝を打倒する気概はなく、湖南に出て少しづつ勢力圏を拡大する方針をとった。

こうして持久戦になると、清朝側が境域・富力に勝って有利である。呉三桂軍は岳州《がくしゅう》でおしとどめられ、そこから進出することはかなわなくなった。

呉三桂は日増しに不利に傾く形勢のなか、もう後がないと悟ったか、何と自ら帝位に即いた。一六七八年のことである。けっきょく挙兵は、自分の野心を満たすものでしかなかったことを暴露したのだが、かれは同じ年まもなく歿した。

かたや若き康熙帝は苦境に耐えて、数年の対峙のすえ反撃に転じる。「三藩」の連携が悪い隙をついて、各個撃破の方針で臨んだ。まず福建の耿精忠を下すと、ついで内紛のたえなかった広東の尚之信が降服する。呉三桂の後は孫の世璠《せいはん》が継いだけれども、盟友を失い、三方から攻撃をうけて、前線をもちこたえられなかった。占領地を放棄して雲南にもどったあとも、包囲攻撃をうけつづけた。呉世璠が自殺したのは一六八一年、こうして八年にわたる大乱が収束する。

「流賊」「南明」「三藩」と形をかえながら、存続してきた大陸の割拠軍事勢力は、ここにいたって消滅し、単一の政権のもとに軍事力・暴力装置が一元化した。清朝は中国の権力掌握をようやく達成したのである。

2 沿海の掌握

鄭成功

清朝に敵対をつづけたもうひとつの勢力は、海上にある。こちらはさらにさかのぼって明代・一六世紀、広汎に猖獗《しょうけつ》をきわめた、かつての「倭寇」勢力にほかならない。「倭寇」そのものは、明朝の祖法だった海禁を、一六世紀の末に事実上、緩和することで鎮静化していた。けれどもそれで、海上武装勢力が根絶されたわけではない。その代表的な存在が鄭芝龍・鄭成功の父子によって建てられた鄭氏政権である。

鄭芝龍は福建人、日本との取引に従事した貿易商人だが、その勢力は武装をほどこした、千にも上る船団である。要するに、かつての「倭寇」と何ほども変わらない存在だった。やがて拠点を日本から台湾、ついで福建沿海に移し、台湾に入植したオランダ東インド会社との貿易で、巨万の富を築いた。そのかれが日本で、平戸藩士の娘との間にもうけた息子が、鄭成功である。

清朝が入関後、江南に進軍してくると、「南明」の唐王・魯王が福建省にのがれて、その勢力にたよって清朝に対する抵抗を組織しようとした。ところが、まもなく清軍の攻撃を受けると、内訌が起こって、形勢に分がないとみた鄭芝龍は、南明政権を見限り、清朝に降伏した。これに異をとなえたのが、息子の鄭成功。かれは頑として清朝への帰順を肯《がえ》んぜず、父親と袂を分かち、厦門に拠って一族の武力を掌握、南明政権に与《くみ》した。清朝に降った鄭芝龍は、たえず息子に降服を勧めるよう求められ、それが失敗におわったために処刑されてしまう。

鄭成功は即位した唐王・隆武帝から、明の国姓「朱」を賜った。鄭成功を「国姓爺《こくせんや》」と呼ぶのは、ここに由来する。感激したかれは、生涯を清朝との戦いに捧げた。東シナ海の制海権を握って、海上から大陸の清朝を攻撃する、というのがその基本戦術である。一六五九年には、浙江沿岸から北上、南京にまで迫ったものの、けっきょく敗北を喫した。

鄭成功は勢力を立て直すため、一六六一年、台湾で勢力をひろげていたオランダ人を駆逐して、本拠をそこに移した。ところが翌年、志半ばで世を去る。享年三十九。しかしかれの勢力は、なお健在であった。

海禁の復活

外洋で戦える兵力の乏しい清朝政権は、ほとほとこの敵対勢力には手を焼いていた。南京では鄭成功の攻撃をどうにか撃退したけれども、いっそう効果的な対策を打つ必要がある。

すでにその活動に制限を加えるべく、海上交易を禁じる海禁令を発布していた。そして順治も末年になれば、南明の勢力もほぼ掃討されたころ、大陸がひとまず清朝に帰順したのを見計らって、その海禁をさらに徹底する。順治十八年（一六六一）、沿海での交易・漁業を禁じたのみならず、沿海の住民を海岸から内陸に強制移住させる命令を発した。遷界令《せんかいれい》という。

もちろん鄭氏勢力との連絡を断ち切る目的であり、一種の大陸封鎖だった。そこまでやらなくてはならないほど、清朝は危機感をもっていたのである。沿海・海上に対しては、清朝の支配がなお及んでいなかった、といってもよい。

遷界令発布の翌年に、鄭成功は亡くなったけれども、鄭氏政権は以後二代にわたり、なお四半世紀近くその勢力を保って、清朝を悩ましつづけた。ちょうど大陸南方で、三藩の乱が起こった時期に重なっていたこともあって、せっかくの遷界令も、さしたる効果はなかったとみるほかはない。

しかしまもなく大陸への進攻が失敗し、厦門を放棄したばかりか、主力の艦隊の大半をも失った。後継争いの内紛も重なったため、鄭氏政権の勢力がふたたび盛り返すことはなかった。「三藩」が衰えるにつれ、不利に傾いていったのは、いかんともしがたい趨勢である。

鄭氏の敗亡とその意義

施琅《しろう》という清朝の水軍司令官がいる。かれはもと鄭芝龍の部下で、鄭成功に家族を殺されたことから清朝に降り、鄭氏政権との戦いの前線に立ってきた。このときは厦門で艦隊を編成して、鄭氏政権に対する総攻撃の責任者となっている。一六八三年、澎湖島を急襲して鄭軍をやぶり、その戦力のほとんどを奪った。

孤立無援の鄭氏政権は、もはや無条件降伏のほかない。かれらの拠った台湾も、これで清朝の版図に属することになった。台湾が大陸政権の統治を受けるのは、史上はじめてのことである。

鄭氏政権は「国姓爺」鄭成功の後も、南明の年号「永暦」を使用しつづけ、「反清復明」の姿勢を貫いた。北京はその存在に手を焼いたけれども、降服したかれらを康熙帝は優遇する。叛服常ない「三藩」を逆臣あつかいしたのとはまるで違って、明の遺臣として忠義をつくしたものと称賛した。これも明清交代の正統性に対する配慮である。そうしたいきさつが、はじめに紹介した日本の戯曲「国性爺合戦」の筋立て・評判に影響していることも否定できまい。

鄭氏政権はたしかに、明朝の復興をとなえた。政治的な目標はまぎれもなく、そうである。

けれどもその歴史的な性格は、「倭寇《わこう》」勢力の末裔であって、かつて明朝政権に敵対した海上武装勢力にほかならない。海禁・遷界令の大陸と対峙した構図は、一六世紀の「倭寇」そのままである。むしろ同じ事態・情況が外形・表層を変えて継続していた、とみるほうが正しい。つまり沿海の秩序再建は、前世紀以来の課題だった。ここでようやく、海禁・遷界令も不要となって解除、一七世紀も末にいたってようやく、清朝の支配は沿海にまで及んだのである。

3　草原世界の制覇

ガルダン

海陸の中国はようやく、清朝の掌握に帰した。明清交代はこれでひとまず完了した、といってよい。一六世紀以来の明朝中国の内憂外患が、「三藩」と鄭氏政権の打倒でひとまず克服されたからである。

しかし清朝そのものは、なお確立していない。清朝はたんなる明朝の後継政権ではないからである。漢人の東南は平定できても、西北がいまだしであった。あたかも康熙帝が華南・沿海の制圧にいそしんでいるころ、万里の長城のかなた、草原世界では大きな変動が起こりつつあった。

モンゴル帝国の正しき後継者だったかどうかはともかく、清朝は満洲人とモンゴル人が一体になってできた政権だったことはまちがいない。だとすれば、モンゴルが動揺しては、成り立たないことを意味する。

もっとも清朝がはじめから、すべてのモンゴル人をふくんで成り立っていたわけではない。いまの地理的な範囲でいえば、内モンゴルが清朝と一体化した部分にあたり、そのチャハル家が清朝皇室と婚姻関係を結んでいた。かれらは三藩の乱に呼応して、康熙帝に背いたために倒され、チャハル家にしたがっていた内モンゴルの部族も、以後それぞれ清朝に直属するようになる。内モンゴルはいよいよ一体化がすすんだ。

それより西北の草原は、純然たる遊牧国家の争覇の舞台であった。そもそもモンゴルの諸部族は、東方と西方に大別される。清代には東をハルハ、西をオイラトという。かねてより東西あい争い、こもごも盛衰をくりかえしていた。

明代の歴史でいえば、一五世紀に明軍をやぶり、英宗皇帝をとらえたエセンは西側のオイラト、一六世紀に北京をも包囲攻撃し、「北虜《ほくりょ》」と恐れられたアルタンは、東側から出た英傑である。現在のモンゴル国は清朝成立以降のハルハにくわえ、さらにかつてのオイラトの一部も、国土に含んでいると考えればよい。

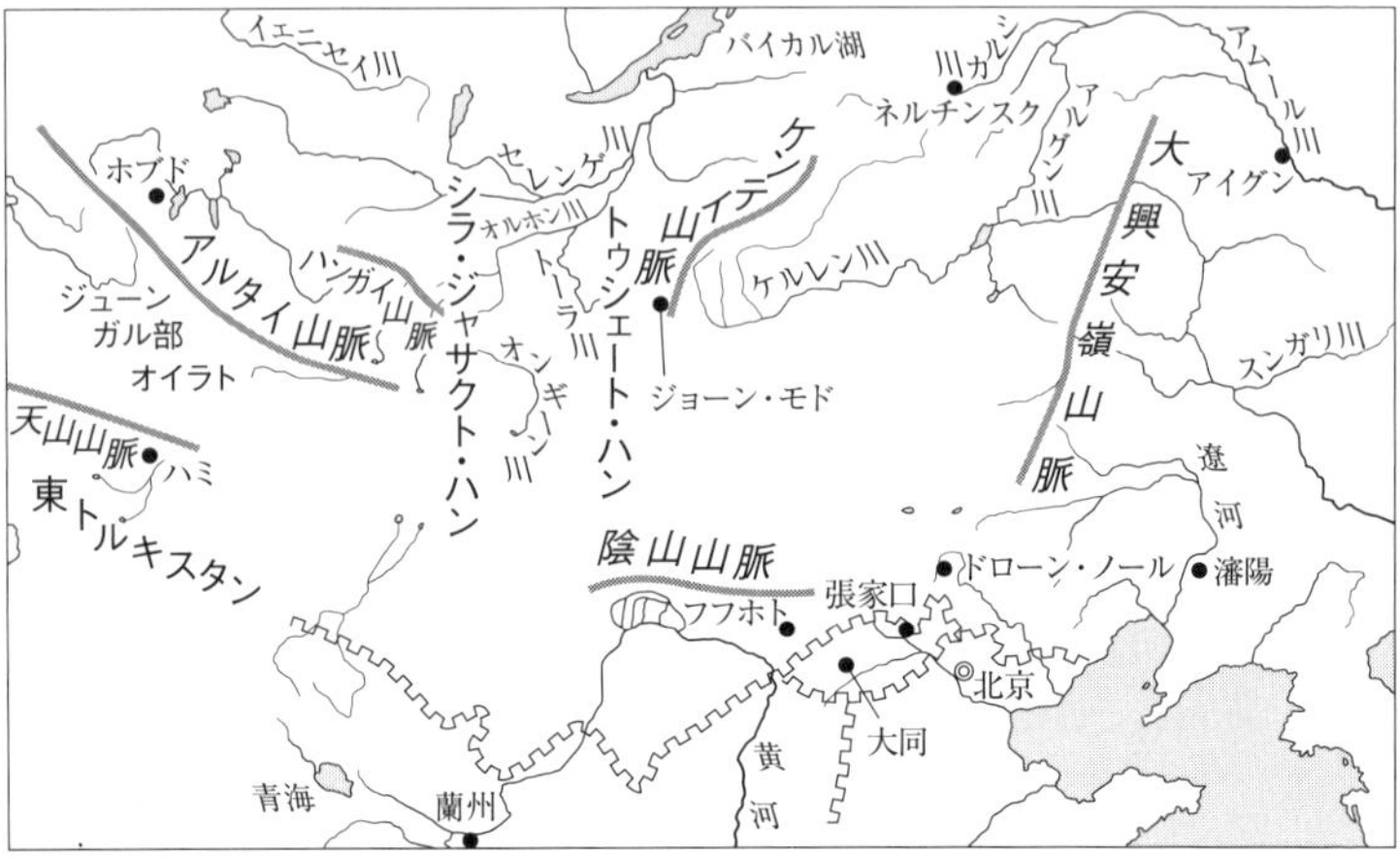

北アジア要図（岡田英弘『康熙帝の手紙』より作成）

東のハルハ・西のオイラト、両者の勢力は一七世紀の前半にふたたび逆転し、急速に後者が四方に発展をはじめる。とりわけ注目すべきは東方で、青海とチベットに勢力を拡大した。

モンゴル人の精神的支柱は、チベット仏教である。モンゴル帝国のクビライからはじまるその信仰も、当時は内部で宗派対立がおこっていた。一七世紀半ばにオイラトがチベットを制覇したことで、ダライラマ五世が教主の位に即き、現在にも継続するゲルク派の優位が確立する。オイラトの勢威はかくて、すこぶる盛んに赴いた。

そうしたなかで登場するのが、オイラト東部・ジューンガル部族のガルダンである。かれは誕生後まもなく、前年に亡くなったチベット仏教の高僧の転生者と認定され、十三歳でチベットへ留学、ダライラマに師事した。修行を終え、故郷にもどったガルダンは一六七二年、異母兄を殺して、ジューンガル部族の長におさまる。さらに数年の後、ライバルの部族を打倒し、オイラト全体を統率することになった。師のダライラマ五世から「天命を受けた王」の称号を授けられたガルダンは、草原世界の制覇をめざす。

対決

ガルダンがまず征服したのは、東トルキスタンである。天山山脈の南北にオアシス都市が点在するこの地は、文字どおりトルコ系ムスリムの住地であり、預言者ムハンマドの末裔と称するホージャ家が、その指導権をにぎっていた。ところが当時、ホージャ家が内紛を起こしたため、ガルダンはその機に乗じて、対立勢力を武力で打倒、ホージャ家に君臨して、かれらを自らの代官にする。時に一六八〇年。以後ジューンガルの本拠は、東トルキスタンのイリ渓谷となった。

オイラトはガルダンの擡頭以前から、東方のハルハと対峙していた。そのハルハで大きな内紛が生じ、その拡大が西のジューンガルと東の清朝を巻き込んで、ついに全面対決を導くことになる。

康熙帝はハルハの混乱が内モンゴルに波及するのを恐れて、和平調停に積極的だった。実際にいったんは収束しかけたのである。ハルハ内紛の当事者で、チンギスの末裔にして有力なトウシェート・ハン王家のチャグンドルジが、和平のよびかけに応じたからである。

ところが、一六八六年の講和会議に同席したその実弟・ジェブツンダムバ一世が、ダライラマの使者と対等の席次を占めたことに、ガルダンはいたく憤慨した。ジェブツンダムバも十五歳でチベットに留学した、チベット仏教の高僧である。しかしかれの師は、ガルダンの前世たる高僧だった。つまり自分の前世の弟子が、いまの師のダライラマと肩を並べる僭越《せんえつ》を犯したことになる。こうして、チャグンドルジ兄弟に対する感情は決定的に悪化し、ガルダンはまったく敵対の姿勢で臨むようになった。

まもなく講和もやぶれ、チャグンドルジが内紛で対立していたシラ・ジャサクト・ハンと戦争をはじめ、後者に荷担するガルダンの弟まで殺害してしまった。事ここにいたって、ガルダンはハルハに対する全面攻撃にふみきる。

一六八八年、ガルダンは三万の軍をひきい、チャグンドルジとタミル川のほとりで会戦して大勝、そのまま東進、ハルハに攻め入った。チャグンドルジ一家とハルハの人びとは雪崩を打って、内モンゴルに避難を余儀なくされる。ガルダンはハルハを制圧して、東はモンゴル高原から西はトルキスタンにおよぶ、草原世界を統一する一大帝国を打ち立てたのである。

康熙帝は数十万のハルハ難民を受け入れて、救済にあたった。もっとも、争いはあくまでハルハとガルダンとの間のものである。そこに介入するつもりはなかった。しかしガルダンは清朝に対し、仇敵チャグンドルジらの身柄引き渡しを強く要求し、ついに実力行使にうったえる。

ガルダンは一六九〇年、大軍で南下して内モンゴルに侵入した。北京から四百キロほどしか隔たらないウラーン・ブトンの地で、両軍が衝突する。ガルダンの優勢で終わったこの戦いで、康熙帝の威信は大きく揺らぎ、モンゴル人の離反すら憂慮せねばならない事態に陥った。漢人の帰服が危ぶまれた三藩の乱からおよそ十年、またもや清朝政権が迎えた一大試練である。

親征

北京の安全を保つには、内モンゴルを掌握する必要があり、それには、漠北のモンゴル高原をも制しなくてはならない。これはいわば地政学上の宿命であって、一五世紀のはじめ永楽帝がモンゴルに親征したのも、こうした動機からである。一七世紀末の康熙帝も、事情はほぼ同じであった。

しかしすべてが、永楽帝の時と同一だったわけではない。清朝の康熙帝はすでに、モンゴル人に君臨していた。内モンゴル深く攻め込まれて、その君臨が危ぶまれたため、あらためて掌握に乗り出したわけである。モンゴルに敵対して攻撃一辺倒だった漢人の永楽帝とは、自ずからちがうプロセスと結果をたどった。

まずはセレモニーである。康熙帝はウラーン・ブトンの戦いの翌年、ドローン・ノールでモンゴル諸部族を一堂に会して、互いに盟約を結ぶ儀式をとりおこなった。この場合は内モンゴルのみならず、ハルハを追われた領主たちも、康熙帝を自らの君主に推戴することを意味する。

ドローン・ノールはかつて、モンゴル帝国・大元ウルスの上都開平府、つまりクビライの都だったところ。モンゴル諸部族の推戴をここで受けなおしたのは、念の入った演出である。ともかく東方のモンゴルは、これですべて清朝の庇護下に入ることになった。逆にいえば、康熙帝は新たなハルハの盟主として、そこを占拠するガルダンを逐《おいはら》い、領主たちにもどしてやらねばならない。

草原の統一者ガルダンは、時あたかも内紛で苦境に立っていた。北京の近くまで長駆遠征していた間、留守にした西方の本拠を甥のツェワンラブダンに奪われたからである。ガルダンは占拠中のハルハに腰をすえざるをえなかった。

その情報を得た康熙帝は、モンゴル高原にとどまって脅威を与え続けるガルダンの存在をみのがすわけにはいかなかった。ジューンガル本国のツェワンラブダンと提携し、ガルダンを挟撃する態勢をととのえたうえで、ドローン・ノールの推戴から五年後の一六九六年、モンゴル高原への親征の挙に打って出る。

もとより容易な遠征ではなかった。機動力に富む遊牧民の騎馬軍を捕捉するのは、きわめて難しい。遭遇しなくては、勝利はおろか、開戦すら不可能である。かつての永楽帝も、何度も出征しながら、そのために見るべき戦功をあげることができなかった。このたびとて、条件はかわらない。康熙帝みずから率いる部隊も、長途の行軍で疲労困憊にもかかわらず、ガルダン軍は見あたらず、戦果は獲られなかった。

やはり永楽帝の故事のとおり、親征は失敗に帰してしまうのか。その公算が大きくなっていたところに、捷報《しょうほう》が舞い込んでくる。別働部隊がジョーン・モドで、ガルダン軍を捕捉、撃破したからである。

ガルダンは退路を絶たれて敗亡、まもなく逝去した。かくてアルタイ山脈以東、モンゴルのほぼ全域が清朝の版図に帰し、清朝は名実ともに、モンゴルの盟主として君臨するに至ったのである。

「チベット仏教世界」

モンゴルの安定には、その南に位置するチベットも重要であった。チベット仏教はモンゴル人の精神的なよりどころになっており、ラサがその総本山だったからである。観音菩薩の化身であるダライラマを筆頭に、チベット仏教の高僧が聖俗の権威を掌握していた。ガルダンが急速に勢力を拡大できたのも、かれ自身がチベット仏教の高僧で、大きな権威を有していたためである。

一七世紀はダライラマ五世の時代、清朝が「入関」して十年ほど経ったころ、かれは北京を訪問して、順治帝と会見し、清朝を「大施主《だいせしゅ》」と位置づけ、良好な関係を築いている。のちガルダンひきいるジューンガルとハルハが抗争したときも、康熙帝と足並みをそろえて、調停をはかったこともあった。

そのダライラマ五世が入寂したのち、後継幼少のダライラマを擁した摂政が、権勢を握って、清朝とモンゴルの覇権を争ったガルダンを支持した。そのため康熙帝が勝利すると、清朝・ジューンガル双方との関係が悪化して、摂政は窮地に陥り、チベットの権力争いが劇化する。

康熙帝はガルダンとの戦いを通じて、チベットおよびチベット仏教の重要性を痛感した。モンゴル人に君臨するなら、その信仰は同じゲルク派を主流とするチベット仏教でなくてはならない。チベットに対する関心は、大いに高まっていた。

ライバルだったガルダンが逝去したとき、清朝で信じられたのは、毒を仰いで自殺したという説で、これもチベット仏教と関わりがある。ガルダンはその転生僧であった。服毒したなら、自ら殺生の戒めを破ったことになる。自殺説はそこで、ガルダンの仏教的な聖性を否定しようとはかったものだといわれる。

そうした清朝・康熙帝の立場からすれば、ここは好機だった。チベットの内紛に乗じて、摂政の追い落としを積極的に支持援助し、勢力を拡大しようとはかる。しかしそうなると、ガルダン以前からチベットと関係の深かったジューンガルも、黙ってはいない。ツェワンラブダンはガルダンに背いたことで、その死後も清朝・康熙帝と、二十年ほど友好を保ってきた。しかしその関係も、ここで破れたのである。

一七一七年、ジューンガルはチベットに進攻し、清朝が支持するダライラマ六世を廃し、ラサで虐殺・拷問と掠奪をくりひろげた。いったんはジューンガルを歓迎したチベット人たちも、その進駐・暴政を嫌って、敵意を露わにしはじめる。

康熙帝はそこで新たなダライラマを擁して、チベット遠征を敢行した。時に一七二〇年。チベット人の歓呼に迎えられて、ダライラマ七世と清軍がラサに入った。ジューンガルの勢力は駆逐され、チベットはいわば清朝の保護下に置かれる。

清朝は以後、ラサに軍隊と大臣を駐在させたものの、ダライラマの政教一体の統治には、ほとんど容喙《ようかい》しなかった。その位地はあたかも、寺院に対する「大施主」にひとしかったのである。

こうして満洲人・モンゴル人・チベット人は、チベット仏教という共通の紐帯で結ばれることになった。それぞれは異なる統治のもとにあったけれども、同一の清朝皇帝とチベット仏教のもとに、不可分の関係を保ったわけである。

これを「チベット仏教世界」という概念であらわす向きもある。どう呼ぶかはともかく、漢人の漢語・儒教に拠って立つ秩序とは、まるで異質の「世界」だったことに注意しておかなくてはならない。

露清関係の形成

草原・モンゴルの覇権を争ったジューンガルの向こうには、ロシア帝国がある。これも一五世紀以前には、なかった情況である。ロシア帝国は一六世紀にウラル山脈をこえて以来、毛皮交易ルートに沿って東進をつづけ、一七世紀の前半、明朝滅亡の直前には、アムール川に達した。ネルチンスクとアルバジンがその前進基地である。

もとより満洲人の故地・住地に近いところで、清朝は「入関」後も重大な関心をよせざるをえなかった。兵を出して、ネルチンスク・アルバジンの要塞を攻撃、破壊し、一六六〇年には入植したロシア人を駆逐している。

ところが、いかんせん人口希薄な地でもあり、毛皮の宝庫とあっては、しばらくすると、またぞろロシア人の進出がはじまった。一六六九年には、ネルチンスクの要塞が再建されている。折しも「三藩」への対処で若き康熙帝も忙殺され、憂慮を深めながらも、さしあたっては放置するほかなかった。

「三藩」を片づけるや、康熙帝は攻勢に転じる。あらたにアイグン城を建設して、対露作戦の準備を整えると、一六八五年、三千の軍を派遣して、アルバジンを包囲攻撃し、破壊させた。

しかしロシア側も、屈しない。目的を達した清軍がひきあげると、まもなくアルバジンの要塞を再建して、ふたたびここに立てこもった。清朝側もあらためて兵力を増強して攻撃する。

圧倒的な兵力差があったにもかかわらず、ロシア人は頑強に抵抗し、一年たってもアルバジンは落ちなかった。

その間に和平の交渉もすすんでいた。ピョートル大帝の親政がはじまった一六八九年、ロシ

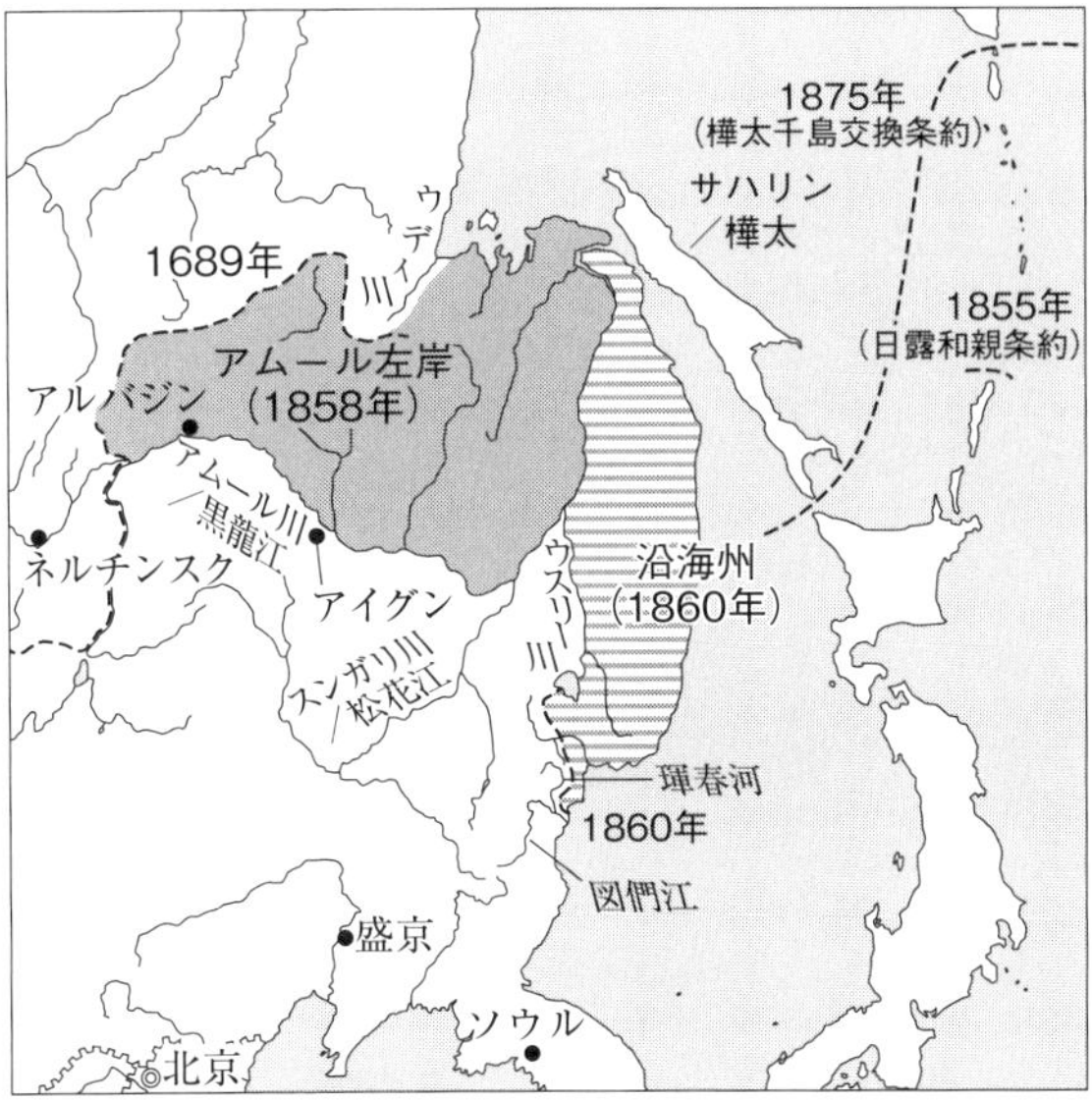

ネルチンスク条約とその後：1689年のネルチンスク条約で、清朝はアムール川流域を確保したけれども、本書226頁にもあるように、19世紀半ばにアムール左岸と沿海州をあいついで失うことになる。（拙編『宗主権の世界史』名古屋大学出版会、2014年の地図より作成）

ア側も講和に転じ、露清の代表がネルチンスクで会して、条約交渉がおこなわれる。難渋な談判だった。康熙帝は一万の軍勢で圧力をかけて、どうにか有利な結果に導くことができたのである。

結ばれたネルチンスク条約は、露清の境界をアルグン川・ゴルビツァ川からヤブロノヴィ山脈・スタノヴォイ山脈を結ぶ線とさだめている。ようやく満洲人の故地の安全が確保された。ロシア人はアルバジン城を放棄し、アムール流域からしめだされたものの、その代わり、北京に隊商を派遣して貿易ができることとなった。

「チャガン・ハン」

もっとも、この北京における露清の通商・交流は、しばしば紛争がおこって、円滑にすすまなかった。当時の清朝最大の敵は、すでに述べたとおりジューンガルだったから、その北隣に存在するロシアとは、なるべく和平的な関係を保って、ジューンガルの側に追いやらないようにしておかねばならない。ネルチンスク条約はその目的で結んだものだし、それ以後は使節の往来もおこなっている。

またハルハからジューンガルを駆逐《くちく》すると、その方面でもロシアと境界を接し、交易もさかんになってきた。そこで生じた問題を解決すべく、あらためて折衝する必要が出てきたのである。

こうして長期にわたる交渉のすえ、一七二七年に締結されたのが、キャフタ条約である。すでに康熙帝は崩じ、次の雍正帝《ようせいてい》の時代になっていた。これでようやくロシアとモンゴルとの境界が定まり、交易や人の移動など、詳細な規定がとりきめられる。もちろん以後、齟齬《そご》対立が後を絶ったわけではないものの、百年以上にわたり、露清双方は平和な関係をつづけた。

モンゴルと一体化した清朝からすれば、ロシアはモンゴル帝国のジョチ・ウルスの末裔にほかならない。そこでロシア皇帝を「チャガン・ハン」と呼んで、モンゴルの一種とみなして対処する。「チャガン」とは、白い、という意のモンゴル語である。かたやロシア側は、清朝皇帝を「ボグド・ハーン」と呼んだ。モンゴルの君主、聖なるハーンの謂である。

したがって露清関係とは、もっぱら満洲・モンゴルの問題だった。漢人はそこに関与していないし、漢語・漢文が介在してもいない。ネルチンスク条約はラテン語テキストが正文だったし、キャフタ条約も存在するのは、満洲語・ロシア語・ラテン語のテキストのみである。

もとより清朝の内部では、漢人向けに発表はあったし、そうした公式発表が漢文史料として残っている。けれどもそれが、どこまで真実を伝えるかは疑わしい。漢人がその領域に関わりをもちはじめるのは、一九世紀を待たなくてはならなかった。

第三章　雍正帝

1　対外秩序の再編

「華夷秩序」原理

一七世紀が終わり、一八世紀の初めにさしかかるころ、東アジアはその相貌を大きくかえていた。百年前の一六世紀の末とは、まったく異なる世界が現出している。

一六世紀の中国は明朝の時代である。その対外秩序を支えたのは、さきに「朝貢一元体制」と呼んだ制度だったが、そもそもそれを枠づけた原理は、「華夷秩序」というべきものである。もはや使い古された言い回しでもあろう。しかしほかに表現のしようもないし、気の利いた別のフレーズも思い浮かばないので、ご海容いただきたい。

ただ注意してほしいのは、ここでの「華夷」とは、はじめに述べたような、当時の語義どおりの「華」と「夷」だということである。決して比喩的な意味ではない。この秩序原理とそれに反撥する「北虜南倭」情況のせめぎ合いで、東アジアは混乱の極に至っていた。

織豊政権から徳川幕府にいたる近世日本も、ヌルハチ政権からダイチン・グルンにいたる清朝も、その混乱のなかから生まれ出た存在である。のみならず、いずれも混乱を鎮めて、次の時代を作ってゆく役割をになわされた。ここまで後者について、つぶさにみてきたとおりである。

それなら、いわゆる「華夷秩序」原理とは何か。「中華」と「外夷」という明朝政権の二分法的世界像、およびそれにもとづくイデオロギーとでもいえばよいだろうか。

「中華」にあらずんば一律に「外夷」。「外夷」の世界は、「中華」のネガティヴな存在としか認識しなかった。「華」「夷」という漢語で表記すれば、それだけで上下はるかに隔絶した関係にほかならない。そのため「中華」＝明朝の「外夷」に対する態度・姿勢も、臣従と朝貢の要求でしかなかった。ほかに往来のしかたは、一切みとめない。民間独自の往来・交易も、もちろん不可だった。シンプルではある。

けれども現実は、それほど単純ではない。「中華」ならざる世界もさまざまなはずだし、それぞれに政府や民間などの立場もあれば、政治・経済・文化などの分野もある。互いに組み合わせれば、現実の交際・交流・往来には、いくつもの多様な様態がありうるし、それぞれが時間の経過で転変し、固定不変なはずもない。

それをシンプルに割り切るのは、あまりにも画一的、硬直的で、観念的に失していた。複雑で変化たえない現実の情況に、あくまでこのシンプルで観念的な「華夷秩序」原理を適用したがために、「北虜南倭」という事態を招来したのである。

とりわけ一六世紀・大航海時代の世界的な商業ブーム、それに乗じた中国経済の発展にもかかわらず、臣従・朝貢しか容認しない、となれば、混乱をきたして当然である。世界経済・対外貿易が拡大するにともなって、勃興しはじめた日本など、辺境の人々はもとより、誰よりも当の中国の住民が苦痛に感じた。

清朝のレゾン・デートル

かくて、明朝の観念的原理的な「華夷秩序」を信用する向きは激減する。「華」と「夷」の分断・隔絶は、もう願い下げ、「北虜南倭」という騒乱は、そんな心情をあらわした行動だった。それはたんに「夷」人が「華」に押し寄せてくるだけではない。「華」人もあえて「夷」人と一体となり、「華」から「夷」地に身を投じるものさえ、おびただしかった。

そんな情況を当時のことばで「華夷同体」という。「華」と「夷」を分断する沿海・長城の附近には、そうした「華」「夷」混成のコロニー・コミュニティがたくさんできた。たとえば、ひさしくポルトガル領だったマカオは、そんなコロニーのなれの果て、鄭成功が根拠地にした厦門も、やはり同じである。

「華夷同体」の所産は、武装した貿易拠点・社会集団ばかりではない。それをさらに政権化、体制化した軍事政治集団もありえた。その最たるものが、とりもなおさず清朝だったのである。

一八世紀、康熙帝の事業を承けた次代の雍正帝は、「華夷一家」というスローガンをかかげた。そのフレーズは実に、もと明朝を建設した永楽帝が、一五世紀のはじめに言い出したものである。両者三百年を隔てて、言い回しが一致しているのは、おそらく偶然ではない。

永楽帝は「夷」を隔絶したうえで、「華」の下に従えようとした。あくまで二分法的秩序原理にのっとった、理念としてとなえた「一家」である。それに対し、「華夷同体」を経た清朝は、あくまでその現実をあらわす「一家」だった。同じフレーズながら、意味内容は明代の二分法的な原理の対極をなす。原理にとどまらず、そんな現実を体制化し、安定させたことこそ、清朝という政権の存在理由《レゾン・デートル》だった。

昨今、研究は長足の進歩をとげ、これまでわからなかったことが、次々に明らかになっている。その所産のひとつに、清朝政権の本質・核心に存在した北方遊牧民の組織原理を解明した成果がある。

これは従前、中国の正統王朝・漢語の論理ばかりで、清朝を解してきた研究の偏向に対するアンチテーゼであって、そのこと自体はまったく正しい。けれども二〇世紀までつづく清朝の歴史をトータルにみる場合、現状には若干の行き過ぎがある。北方遊牧民政権の伝統をことさら強調するあまり、漢人・中華のファクターをあえて軽視、閑却しようとするバイアスが強い。

ここまでたどってきたように、清朝は明朝とその「華夷秩序」原理があってはじめて存在しえた。そのアンチテーゼとして誕生、存続した政権なのである。だから明朝の旧体制を考え合わせなくては、理解できないことが多い。たとえ漢語・漢文・漢人が介在していなくとも、その場に居合わせないことは、無関係を意味しない。不在それ自体が、むしろ大きな存在感《プレゼンス》のあらわれだともいえる。

そこを見誤ると、とりわけ一九世紀以後の近現代、そしてわれわれの時代につながってこない。現在の論著の多くには、そんな危惧をいだかざるをえないのである。三百年間の東アジアを全体として摑むには、相応のバランスが重要であって、そこに留意しつつ、一八世紀はじめの情況をあらためてみてみよう。

東南と西北

一七二二年、康熙帝が崩御するまでにできあがった清朝の版図をみると、ざっくり二つに大別できる。方角でいえば、東南と西北、それぞれをひとまず漢語世界とモンゴル・チベット世界と名づけておきたい。

言語・文字が異なる。宗教・信仰もちがう。そもそも乾燥と湿潤、遊牧と農耕で、風土気候・生態系も異なれば、生活習慣も同じでない。なればこそ、互いの有無を補い合う関係にもなりうるし、また相手を理解できずに対立相剋の関係にもなる。こうした南北二元的な世界の切り結ぶ展開が、古来ユーラシアの規模で、アジア史のダイナミクスを形づくってきた。

清朝はそんな二元世界、東南の漢語世界と西北のモンゴル・チベット世界のはざまから誕生し、いずれとも深く関わって成長し、ほぼ時を同じくして、双方に君臨した。それぞれの統治はまったく異なり、ほぼ無縁ながらも、両者を一身に統《す》べた満洲人の君主を共通に戴くのが、清朝の体制である。康熙帝の治世でようやく、それがひととおり形を成したのである。

そうはいっても、清朝の版図拡大は、あらかじめ企んだものではない。ホンタイジの「大清《ダイチン・》国《グルン》」は問わないにしても、「入関」は多分に偶然の要素が強いし、ハルハ・チベットの統合も、ジューンガルと抜き差しならない関係になってしまったためである。あいついで押し寄せる難しい局面に対処をくりかえした堆積であって、漢語世界もモンゴル・チベット世界も、結果的に併せることになったにすぎない。それだけ、自らの力量・立場の謙虚な自覚と臨機応変の感覚に富んでいたともいえる。

漢人・漢語の「華夷秩序」原理を全域一律にあてはめるだけでは、東アジアは治まらない。前代明朝の経験で、清朝にはその自覚があったから、自らの版図を東南・西北という異なる世界が組み合わさった、複雑な環境であるとみなして、いわば複眼的に臨むことにした。

それぞれをどのように統治したか。その個別具体的なメカニズムは、まだまだ不明なことが多い。いまなお、詳細な研究をまっている現状である。それでも、すべてに通底する原則の存在を示すのは、ひとまず不可能ではない。端的にいえば、在地在来の慣例を尊重した、ということである。

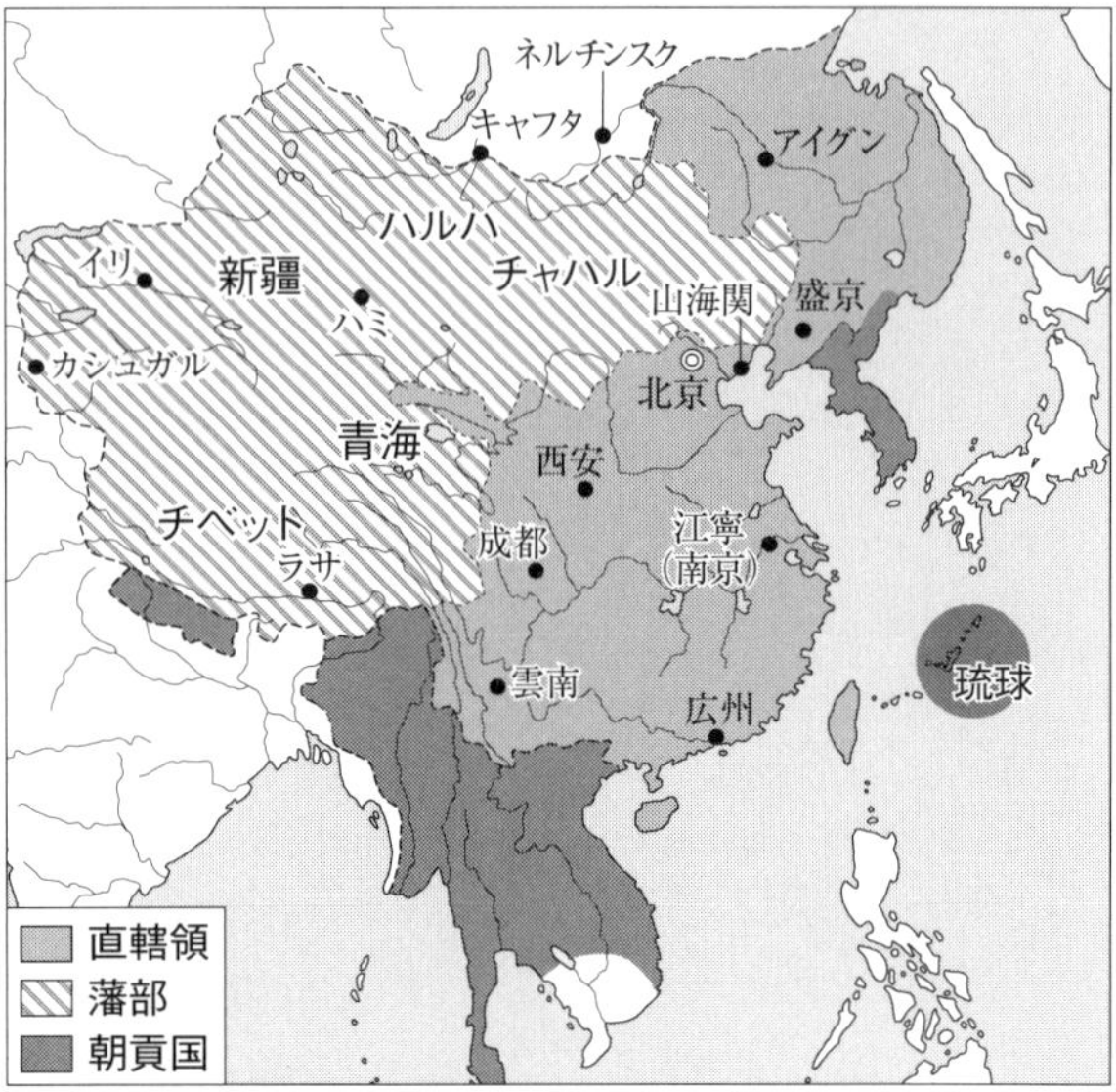

一般歴史地図の清朝：直轄と「藩部（間接統治）」。（『詳説世界史B』山川出版社、2015年より作成）

すでにふれたとおり、チベットはダライラマの政教一体の統治に委ねたし、ハルハ・モンゴルには盟旗制という一種の部族編成を布《し》いており、いずれも従前の基層社会の構造に、清朝が手をふれることはなかった。いずれにも大臣は置きながら、側から監視したのみである。

そしてそうした事情は、旧明の漢人に対しても、やはり同じである。明朝の皇帝制度・行政機構をほぼそのまま踏襲し、それをひきつづいて運用した。俗に満漢併用制などと呼んでいるものは、監視のシステムであり、やり方はちがっても、チベット・モンゴルと目的は同じである。

多くの教科書には、東南と西北でたとえば、色を塗り分け、前者を清朝の直轄地、後者を間接統治と説明している。これは全面的に誤りだとはいえない。けれども、すこぶるミスリーディングであり、どうやら作為的ですらある。直轄が普通正常で、間接統治は異例で不利、否定すべきであって、ともすれば、西北の直轄化を正当化する価値判断を招きかねない説明だからである。知ってか知らずか、現代の国民国家に引き寄せすぎているといってよい。

統治の形態・内容はたしかに差違があるものの、清朝からする統治の意識・原理は、在地在来を尊重した点で、まったく同じである。東南が直轄にみえるのは、それまでの明朝が君主独裁の官僚制を布いていたから、西北が間接なのは、在来のモンゴル・チベットの政治権力組織を踏襲したからにすぎない。

朝貢

その間の事情は、内政はもとより、対外関係もかわらない。すでにみたとおり、西北世界では、オイラト・モンゴルにはチベット仏教で対処したし、さらに北の向こうのロシアには、モンゴルの論理を適用しながらも、キリスト教国ということで、条約締結交渉には宣教師も関わらせた。臨機応変・現場主義の感覚は、内政と通じるものがある。

東南・漢語世界にかかわる対外関係も同じ。ここでは、とりわけ東アジアということなので、そのありようをやや詳しく確認しておこう。

従前の漢語世界に存在したのは、明朝の「朝貢一元体制」である。清朝はしかし、これをそのまま踏襲するわけにはいかなかった。沿海でも内陸でも、それが混乱をひきおこした元凶だったこと、自らが最も身にしみてわかっていたはずだからである。

そうはいっても、あらゆる国々が明朝の体制に反撥していたわけではない。真意はどうあれ、それに恭順な国もあった。清朝との関係でつぶさに動向を追ってみた朝鮮は、その典型である。

朝鮮王朝は朱子学イデオロギーに純化した政権である。その徹底ぶりは、本家本元の中国をはるかにしのいだ。

儒教というのは、上下関係で人間世界を秩序づける思考様式であるから、集団どうしも上と下の関係しか存在しない。それが対外関係に適用されれば「中華」と「外夷」の辨別、華夷の辨となる。それなら、その華夷・上下の分け隔てはどこを基準にするのかといえば、儒教の教理・実践、いいかえれば「礼義」にいかほど近いかである。

朝鮮はそれに限りなく近づくことで、「中華」に非ずして「中華」に準じた存在になろうとした。返す刀でほかの国・種族を蔑視して、「小中華《しょうちゅうか》」の矜恃を保ったのである。

わが国は海辺の僻地にあるものの、もとより礼義を重んじることで天下に知られ、小中華と称せられる。しかもわが国王は代々、分をわきまえ朝貢を忠実におこなってきたのだ。

これはホンタイジが親征してきた「丙子胡乱」のとき、主戦派の官僚が言い放った一節。『朝鮮王朝実録』にみえる。そこを貫くのは、「中華」・「礼義」なくしては「小中華」もありえない、という前提である。

明朝に対する朝貢・臣礼は、「慕華」という朝鮮の心性を可視化する「礼義」のひとつであって、自らの存立に直結していた。朝鮮が華夷変態・明清交代にあたって懊悩したのは、「小中華」という世界観・秩序認識の存亡がかかっていたからである。

こうした自己認識は、明代の「朝貢一元体制」のなかで培われていったものである。だとすれば、その体制が朝鮮側に関するかぎり、曲がりなりにも存続すれば、自らのイデオロギー・アイデンティティも、かろうじて崩潰をまぬかれる。

そこは臨機応変・リアリズムの清朝である。朝鮮在来の朝貢関係を尊重し、その相手を明朝から清朝に切り替えさせるのみにとどめた。清朝はまずその点で、「華」「夷」の意識・秩序を全否定するわけにはいかなかったのである。さもなくば、朝鮮との関係がいつまでも安定しなかった。

そんな朝鮮ばかりに限らない。それなりに明朝の「朝貢一元体制」に従順だった国には、ひきつづきその関係で臨むのが、最も効率的だった。

明朝の政府記録によれば、「朝貢」していた国・地域・集団は、百を下らない。しかしその数は、あくまで建前である。「朝貢一元体制」であったから、どんな意図、どんな行動でも接触・交流があれば、「朝貢」に「一元」化されて記録したからである。

清朝の記録によれば、あらためて「入関」後に朝貢をよびかけ、それに応じた国は、がらりと変わって、十に満たない。これは実数である。明代の記録とはちがって正直に数えたもの、なかでも、本気で朝貢に従事したのは、近接する朝鮮・琉球・ベトナムくらいであろう。これが明代在来の「朝貢」をひきついだ側面だった。

互市

それなら、百を下らなかったかつての「朝貢」国は、どこへいったのか。まったく交流を絶ってしまったはずはない。実際には朝貢をしていなかったので、清朝のいう「朝貢」のカテゴリーに入らなかっただけである。リアリズムの清朝は、現実に即してそれぞれに分類した。

かつて西北のモンゴル・チベットで「朝貢」にカウントしていたところは、オイラト・トルキスタン以西を除いて、ほぼ清朝の版図に入ったから、もちろん「朝貢」国の数には入らない。書物・時期によっては、とりあげる寺院などもある。けれども微々たるもので、さしあたって無視してよい。

そうすると、残るは東南の海外諸国や地域である。「朝貢一元体制」から逸脱した貿易相手が中心で、その筆頭は日本だった。「倭寇」で知られるように、既存の貿易取引を下手に統制しては、かえって治安が悪化する。清朝は自らが遼東の武装商業集団だっただけに、その間の事情はよくわかっていた。

中国を併呑し、沿海を掌握する段階になって、鄭氏はじめ敵対軍事勢力を打倒する必要から、明朝と同じく海禁を実施した。そればかりか、沿海から住民を強制的に引き離す遷界令さえ発布したのである。けれども「三藩」・鄭氏政権を滅ぼして、その必要がなくなるや、あっさり海禁も遷界令も廃し、海上を通じた交易を認めた。

その認可にあたっては、交易の要衝に税関を設け、取引の上前を取って財政に資し、また最低限の秩序を保てるように、規則を定めて守らせはする。ただし原則としてはそれだけ、交易をしたい人々が、現地で交易をするに任せる、その管理も現地を所轄する当局に任せる、という態度だった。北京政府が交易に積極的に関知、介入することはなかったのである。

つまり明代では「朝貢一元体制」を強いた結果、密輸・紛争にならざるをえなかった民間の交易に対し、清朝はあるがままの現状を容認し、なるべく統制も管理も加えなかった。それが最も時宜に適していたことは、以後その海上交易・海外貿易が繁栄の一途をたどった経過からもわかる。

こうした関係をのちの用語で「互市《ごし》」といった。交易・商取引というくらいの意味の漢語、やや古い、固い表現である。かつて最大の貿易相手国の日本、のちに最大のシェアをしめるようになる西洋諸国など、すべてこの「互市」のカテゴリーに入る。日本は近世・江戸時代、鎖国なので浙江の商人が長崎に来て貿易をおこない、西洋は商人が広州にきて取引に従事した。

東アジアの範囲でいえば、朝鮮が明代以来の「朝貢」、日本が清朝新設の「互市」に分類されたのは、何とも象徴的である。古来それぞれ全く異なる中国に対する関わり方を如実にあらわしており、これが近現代にいたって、日中朝三国関係が複雑に展開する直接の前提となった。

2 康熙の終焉

名君の条件

清朝はまったく異質な東南と西北の世界を、それぞれ複眼的に統治した。満洲人はかつて森林や草原で狩猟・遊牧をしていたから、もちろん西北の世界に親和的である。住地の環境や社会の組織がまったく異なる東南世界の支配、人口も圧倒的に多い漢人の統治は、はるかに困難だった。清朝の皇帝はそれを知りつくしていただけに、かえって心血を注いでとりくんだのである。

「入関」当時、つとにドルゴンが標榜したとおり、明朝の正統をひきつぐ、というのが、漢人に対する統治の前提である。そのため清朝は、明朝の制度・体制をほぼそっくり踏襲した。中国在来の政体とは、君主独裁制であり官僚制であったから、漢人に君臨する以上は、明朝の後継たる中華皇帝として百官を率い、所定の役割をはたさねばならない。

そこはマジメ一徹の満洲人。伝統ある中華皇帝の模範に近づき、漢人の士大夫《したいふ》に劣らない知識人になろうとした。その点まるでいい加減だった明朝の歴代皇帝とは、まったく対蹠《たいせき》的である。そうした態度は、康熙帝とその継嗣の雍正帝で、最高潮を迎えた。

康熙帝は東アジア一円を覆った清朝の、事実上の建設者である。武略にすぐれた帝の治世はおよそ六十年、その間に以後二〇世紀までつづく清朝の輪郭ができあがった。最大の敵ジューンガルの討滅やロシアとの条約締結は、子孫の課題として残ったものの、道筋はほぼ固まっている。

武略ばかりではない。康熙帝は第一流の知識人・文化人でもあった。朱子学をはじめとする儒教の造詣はもとより、イエズス会宣教師がもたらす西洋文化にも、大きな関心を示している。大規模な図書編纂など、文化事業もさかんにおこなった。現代にも恩恵を与える『康熙字典《こうきじてん》』や『佩文韻府《はいぶんいんぷ》』なども、このときの産物である。

このように学問を奨励し、自らも修養につとめたのは、もとより漢人の統治を慮ってのことだった。大多数の漢人読書人の意にかなうべく、ことさら意識したパフォーマンスである。あからさまにいえば、迎合にほかならない。西洋の宣教師が帝を「名誉に貪欲な」偽善者だと評したのも、その一面を喝破したものだった。

しかし迎合といってしまっては、身もフタもない。実情はいかに偽善であろうと、演技であろうと、漢人の輿論《よろん》の支持を得ることが、外から北京に乗り込んできた清朝の統治には、まず必要だった。かつて清朝が「入り婿」の政権に譬《たと》えられ、「異民族支配の緊張感」と評されてきた側面である。

たとえ作為ではあれ、生半可な歳月ではない。倦《う》まず弛《たゆ》まず何十年も続けるのは、決して容易な所業ではないはずである。それにつとめたればこそ、康熙帝は名君の評価を贏《か》ち得《え》た。名君でなくては、善政でなくては、清朝の君臨そのものが危うくなる。模範を垂れなくてはならなかった。

広大な版図の建設、難しい漢人の統治、いずれにもめざましい成果を収めた康熙帝は、まぎれもなく稀代の英主ではある。けれどもあらゆる面で名君、完全無欠だったのかといえば、そこはかなり留保をつけなくてはならない。典型的なのは、皇太子問題であった。

廃嫡

満洲人に太子を立てる風習は、そもそも存在しない。生前に君主が継嗣を指名する権利はなく、適切な者を互選する慣例だった。さもなくば、指導力と協調性を要する狩猟民の集団社会が機能せず、個々の生活・生存を左右しかねないからである。

しかしそうした慣例のため、清朝の皇位継承では、たえず問題がおこってきた。前代の早世と幼帝の即位も重なって、権力のトップが安定しなかったのである。すでにみてきたとおり、ホンタイジから順治帝では、ドルゴンの専権があり、順治から康熙では、やはり権臣の専横があった。その後、頑健な康熙帝の在位が長く続いたため、ようやく政権も安定したわけである。

だから康熙十四年（一六七五）、康熙帝がはやくも二十二歳のとき、皇后所生の第二子を立太子したのは、かなり異例のことであった。漢人・中華皇帝の風習にならったということでもあろうし、また予想される皇位継承の紛糾をあらかじめ避けようとのねらいもあっただろう。清朝が北京に入って、はや三十年。満洲人が全体として、漢人の慣習・制度にもなじんできた頃合いでもある。皇太子もひとかどの人物に育ったとあっては、治績をあげている康熙帝の意向にあえて抗おうとする者は、さしあたってはいなかった。

しかしそれは関係者すべてが、立太子に納得しているという意味ではない。康熙帝の皇子は合わせて三十五人。かれらもふくめた有力者が迎合しつつ、たがいに徒党を組み、派閥をつくって、自身の勢力拡大をはかろうとしたのである。

この争いはすさまじかった。一刻も早く皇太子を擁立しようとする勢力、それに抗して、皇太子を引きずり下ろそうとする勢力、満洲人・漢人が入り乱れての党争である。

皇太子派にとっての痛手は、康熙四十二年（一七〇三）、有力者ソンゴトが専横の咎《とが》で自殺を賜ったことだった。この人物は皇太子の母方の大叔父であるから、康熙帝じしんとの関係が、にわかに険悪なものとなってゆく。皇太子が皇帝の命をつけ狙っている、とさえ伝わったのである。

もはや放置できない。五年後の康熙四十七年の夏、皇太子を内モンゴルの帳幕に召し出し、百官の面前で跪《ひざまず》かせて、直接に廃位の宣告を伝えた。帝は宣告が終わるや、悲しみのあまり、地に泣きもだえたといわれる。

これで勢いを得たのは反皇太子派である。かれらは有能で野心ある康熙帝の第八皇子を擁立しようと画策をはじめた。その動きを察知した康熙帝は、欺かれた、早まった、と驚いて、翌年の春、関係者を処罰する。そして廃太子は、陥れられたのだからと、早々ともとの地位に復した。

今度は皇太子派の反撃がはじまる。そうすると、その反響も大きくなって、クーデタの陰謀がまたぞろ、ささやかれるようになった。

老境に入った康熙帝の意思や感情など、もはやおかまいなし、天子その人はすでに浮き上がっていたのである。激昂した帝は、康熙五十一年（一七一二）ふたたび皇太子を捕らえて廃位、身柄を宮中に拘禁した。

二度におよぶ廃嫡は、清朝の政治体制と権力構造の脆弱さを、白日の下にさらしたといってよい。表面上は安定したかにみえた康熙の治世は、派閥の横行と暗闘の場と化していた。その趨勢を阻止、克服できなかった帝生涯の事業は、画龍点睛《がりようてんせい》を欠いたといわざるをえないだろう。

継嗣

康熙帝は絶望し、もう後継者を立てようとはしなかった。すると皇子たちは、かえっていよいよ疑心暗鬼にならざるをえない。その多くは政府に重きをなし、なおかつ皇太子をめぐる党争に関わっていたからである。康熙末年の政情はかくて、かなり不穏なものだった。そんななか、さしも壮健だった康熙帝は、還暦をすぎて病気がちになり、康熙六十一年十一月ついに崩じた。

熾烈な皇位継承レースも、これで終止符が打たれた。康熙帝がいまわのきわに指名し、帝位に即いたのは、第四皇子の雍正帝である。下馬評には、ほぼ上がっていなかった人物で、ときに四十五歳。後にみせるその辣腕ぶりから、この即位には陰謀の存在も取り沙汰されるけれど、真相はわからない。

先帝の晩年、後継者として最も有力視されていたのは、雍正帝の同母弟、第十四皇子である。康熙帝の命を受け、大軍を率いて西方へ遠征した。大軍をまかされたことが、先帝の信任を示す、とうけとられたのである。期待にたがわず、折しも青海・チベット戦線でジューンガルと交戦し、大功をたてた。

雍正帝（故宮博物院編『文献叢編』北平、1930年より）

　しかしその時すでに、康熙帝は崩御、改元をへて雍正元年（一七二三）になっていた。かれの軍功と名声はどうやら、遅きに失したようである。

　雍正帝の治世は、このような情況ではじまった。父帝の時代から、天子は浮き上がった存在になりかけている。かつてのライバルたちも依然、健在だった。手を束ねて黙っていては、君主の地位とて安心できない。雍正帝は自らの手で、実質的な権力を贏《か》ち取らねばならなかった。あえて兄弟に対する迫害で治世の幕を切って落としたのは、決して偶然ではない。

3　改革の時代

弾圧

明末すでに堕落の極にあった漢人官僚を傍から監視すべく、清朝は中央では満漢併用制をしき、地方の大官も漢人と満洲人・モンゴル人をまじえて任用している。ところが当時はやくも、このしくみが機能しなくなりつつあった。

監視役の満洲人も旧来の派閥主義に毒され、漢人そこのけの権勢争いにいそしんだからである。そこには、満洲人一般の主従関係とリーダー層の共治思想も作用していた。康熙帝の後継レースが、その典型である。皇位継承を競った康熙帝の皇子たちが、ほかならぬ派閥の巨頭と化していた。雍正帝の権力を掣肘《せいちゅう》し、その統治を妨碍《ぼうがい》するものは、自分の兄弟たちをはじめとして、まず北京中央、自分の身辺に存在していたのである。

北京で東林党と宦官党があい争って、明王朝の命運が尽きはてたのは、ちょうどこの百年前である。その前轍《ぜんてつ》を踏んでしまうのか。勝ち抜いた雍正帝は、ここにメスを入れるところから着手する。

まず先帝の時代から評判がよく有力だった第八皇子、それに与する第九皇子の身分を剝奪した。のみならず、同母弟の第十四皇子まで、軍功を鼻にかけ驕慢に失したとの咎で、山陵《さんりょう》看守に追いやり、身柄を拘束した。

そんな追及は、臣下にもおよんでいた。先帝の臨終に立ち会った側近の大臣ロンコド、第十四皇子の後任として青海・チベット方面を鎮撫する大将軍・年羹堯《ねんこうぎょう》が、前後して処断される。いずれも権勢ある有力者だった。前者の禁錮《きんこ》にあたっては四十一ヵ条、後者の処刑は、九十二ヵ条の罪状を数え上げる、という徹底したものである。帝がいかにその僭越を憎んでいたか、よくわかる。

ロンコドも年羹堯も、妹を帝の後宮に入れていた。いわば姻戚であったので、たかをくくっていたのかもしれない。親族のよしみで甘く見ていた、というなら、弟の皇子たちも同じだった。

権力には生理がある。ひとりでに動いてしまうもので、必ずしも当事者本人の素志・感情に従ってはくれない。ひとたび争ってしまえば、家族であろうと類縁であろうと、その生理に翻弄され、支配される。いきつくところまでいかねばやまない。権力を望むなら、すべからくその覚悟をすべきなのである。雍正帝はそれをわきまえていた、希有の存在だったのかもしれない。

二重政治

ともあれ、峻厳な派閥撲滅と綱紀振粛で、ひとまず君権は安定し、人心も一新した。六十年という長い長い康熙時代をうけて、新帝の施政はいかなるものになるのか。われわれのみならず、当時の人々も強い関心を寄せたところだろう。

雍正帝は権力それ自体が目あてだったわけではない。少なくとも治績からみて、そうである。漢人・中国の統治は独裁権を獲なくては、自らの経綸を実現できない政治構造になっていた。骨肉の争いにまで及んだのは、それだけ施政の抱負が強かったという意味でもあろう。

即位当時すでに初老を越えていた雍正帝。父帝の統治のありようをよく観察して、ひそかに期するものがあった。政敵弾圧・綱紀粛正の勢いに乗じて、そのまま改革の断行に邁進する。

そうはいっても、自身はあくまで明朝の正統をうけつぐ清朝の皇帝であり、その帝位は父帝から譲られたものである。自ずから言動を限定する立場・枠組があった。改革の努力と達成も、あくまで置かれた具体的な条件が前提をなす。そこを考えてやらなくては、帝の発言も行動も、理解しづらい。

雍正帝の施政は、二重だった。表向き従前の慣例を遵守する公式の政務があると同時に、他方で、私的に個々の官僚と連絡をとって命令をくだす非公式の行政も存在する。つまり「正統」にのっとる公式公開の政治を残したまま、裏面で融通無碍の政治を新たに発足させた。「奏摺《そうしょう》政治」とよばれるものである。

「奏摺」は個々の官僚、とりわけ地方大官が皇帝に送る私信である。宮崎市定《みやざきいちさだ》は「親展状《しんてんじょう》」と翻訳している。雍正帝はこの用途を拡大して、官僚たちに所轄実地の情報をもれなく上げさせ、それぞれ直接に臨機応変の指示をあたえつつ、非違を犯さないように訓戒した。一人一人に対する内々の個別指導である。

既存公式の政務もあるから、まったく純増の負担だった。朝は四時に起床し、六時には百官が出勤して政務がはじまり、午後まで。通例なら夜は八時に就寝だが、雍正帝はこれ以後を、

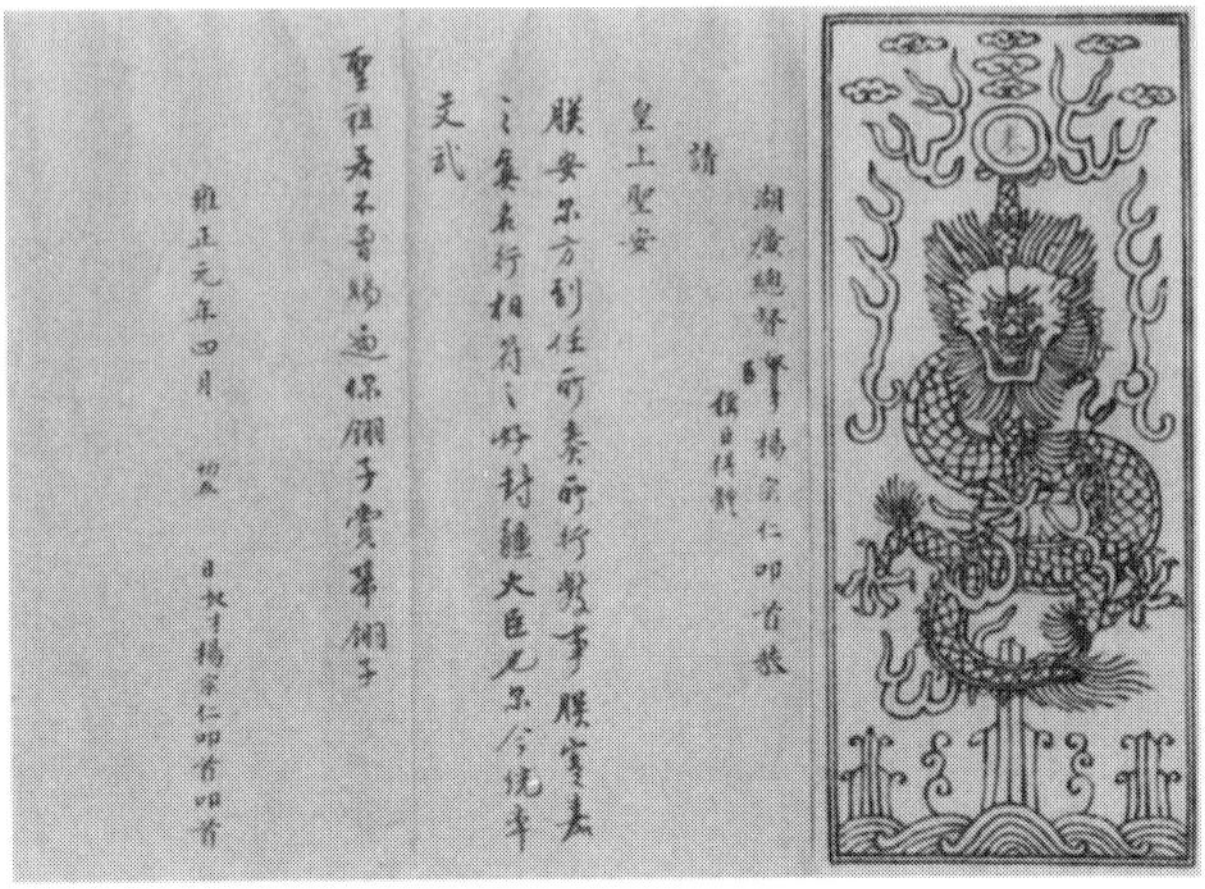

硃批奏摺：上は湖広総督楊宗仁の送った「請安摺（ご機嫌伺い）」（馮明珠『清宮檔案叢談』国立故宮博物院、2011年より）。雍正帝はそこにも、楊宗仁の自称を「奴才」から「臣」に訂正したり、その業績を評価したりするなど、朱筆で多くの書き込みをしている。

私信のやりとりの時間にあてた。深更に及ぶこともあったから、勤勉無比というべきである。

なぜこれほどの負担をいとわなかったのか。それだけ危機感が大きかったのであろう。かれは政治の病弊を明らかにして、根治を加える必要を感じていた。しかし他方で、康熙帝を継承した君主として、その治世を尊重せねばならぬ立場にもある。旧来の体制をいきなり否定しえないし、みだりに既成の制度・機構に手を加えることもできない。そこで当面、いわば搦《から》め手から、実地の詳細な情報を集め、病源をつきとめて治療を施すことにしたわけである。

改革

康熙帝と同じく、雍正帝も名君であらねばならなかった。清朝の漢人統治の宿命である。帝はそれもよくわきまえていた。しかし康熙時代の後を承けて、父とまったく同様の名君・善政をめざしたかどうかは、自ずから別の問題である。

康熙帝の政治はあくまで、漢人の官僚・知識人・エリートに「迎合」するものだった。しかしそれは、別に康熙帝だけの話ではない。ドルゴンから、あるいはもっとさかのぼって、明代からひきついだ流れである。明朝の「正統」をひきつぐ以上は、そうならざるをえなかった。

しかしそこに問題があるのだとすれば、「迎合」の流れは一度、断ち切る必要がある。「迎合」した善政は、エリート・有力者には好都合だったので、かれらからいい評判を博するかもしれない。またそうしておく段階も必要だった。清朝の統治に有力者・知識人が協力してくれなくては、困るからである。けれどもそんな評判ほど、実際はあてにならない。

治めるべき人々は、もちろんすべてがエリートではなかった。その十倍は下らない無告の庶民がいる。そして官僚・知識人・有力者は、その大多数の庶民を酷使、搾取することで、上層階級として存在できていた。漢人に対する善政とエリートに対する善政は、必ずしも同じではない。雍正帝の認識は、そこにある。

明末の弊政・大乱の後を受けた中国の各地には、勢力をひろげて在地の秩序を保つ有力者・

名望家がおびただしく存在していた。郷紳《きょうしん》という。漢人エリートの代表的な存在である。かれらを逐一、北京中央が掌握統制するのは不可能だった。

そこですでに明代から、一省の軍政・民政をつかさどる総督《そうとく》・巡撫《じゅんぶ》を置いて、地方行政を一任し、郷紳たちと日常的に接する地方官の上に臨ませる体制になっている。清朝もそれを利用し、定制とした。外から北京に入って漢人に君臨した清朝は、いきなり広大な土地と多数の人口を治める必要があったからである。

そうすると、北京が直接に連絡をとれるのは、各省の総督・巡撫まで。そこから間接的に、地方の官僚・郷紳を駕御《がぎょ》、活用する、というかたちにならざるをえない。郷紳たちを動かし、実地の行政を改めるには、まず総督・巡撫を完全に掌握し、その部下もろとも自在に動かせなくてはならない。

雍正帝が裏口の「奏摺政治」をはじめたのは、ここにねらいがある。自らの権力行使を掣肘しかねず、かつ地方実地の事情に暗い中央諸官庁をスルーして、直接に総督・巡撫とやりとりし、漢人・満洲人を問わず、適否をみきわめて、自身直属の代理人とした。そうしてはじめて、思い描く改革を実行しえたのである。

治績

康熙帝を苦しめた派閥が跳梁《ちょうりょう》した背景にも、明代以前の王朝政治・官僚機構につきものの宿弊が作用していた。文武官僚の俸給があまりにも低く、それを補うという名目で、法外な苛《か》斂誅求《れんちゅうきゅう》・公金の流用着服・贈収賄が横行していたのである。

いまの日本でいえば、立派な犯罪だが、当時の中国では、一種の役得のような感覚であって、目に余るほどひどくて、はじめて不法とみなされる程度だった。それでも多くは、明るみに出ない。不法を隠蔽するため、たがいに馴《な》れ合い、庇《かば》い合っていたからである。これは派閥を生み出す温床になっただけではなく、庶民に対する搾取をともなうので、中央政治のみならず地方行政でも、大きな弊害だった。

地方から情報を集めて実情を調べ上げた雍正帝は、官僚の不法な徴税・私的な着服に歯止めをかけると同時に、俸給不足の埋め合わせに職務手当を支給する行政改革を断行した。この手当を「養廉銀《ようれんぎん》」という。これで当時の官僚は「廉潔を養う」必要がある、つまりみな汚職官吏だったことがわかるわけである。

こと官僚の非違・汚職に関しては、雍正帝もわれわれと同じ感覚をもっていたらしい。「養廉銀」の命名《ネーミング》など、敵意あふれる姿勢は、「迎合」とはほど遠く、とても共鳴を覚えるところである。こうした資質・素行の低劣な官吏がおびただしくいたため、雍正帝は一般の地方官を任用、配置する制度を改めることにした。

図抜けて優秀なエリートは別にして、それまで科挙に受かれば、大多数はその人格・能力をみることなく、中央の人事担当の官庁が、定期的に抽籤《ちゅうせん》で、その任用ポストをわりふっていた。どの地のどんな職務かには頓着せず、ただ順序にしたがった機械的な作業である。

それぞれのポストの任務には、もとより難易繁簡の差異があって、適材適所が望ましい。抽籤方式はそれにまったく相反する。広大な中国の各地を治める地方官は、まさに千差万別の職務があるから、人物を見ない機械的な登用では、とても任にたえるものではない。にもかかわらず、当時はそんな制度がまかりとおっていた。さもなくば、請託や通謀、汚職の温床になってしまうからである。

われわれは六代室町将軍・足利義教《あしかがよしのり》をクジ引き将軍といってバカにするけれども、清代中国はごく普通のおびただしい地方官が、クジ引きの選任だった。むしろそれが公平だというのだから、日中の権力構造には雲壌《うんじょう》ただならぬ差違がある。

いずれにしても、任命に適しているかどうか、測定を経ていないのはまちがいない。そこで雍正帝は、地方大官と熟議をこらして、職務の難易をランクづけしたうえで、見習い期間を設け、その成績を実地に審査した総督・巡撫が、適切なポストをわりふるよう、任用方法をあらためた。今風にいえば研修期間というべきか、インターンシップというべきか。ともかく少しでも適材適所、実地の民政改善をめざしたのである。

官職の任命だけではなく、もちろん在任官僚の勤務評定も、厳格をきわめた。いずれの場合も、従前の公式定例の政務とは別に立てた、地方大官と私信を直接やりとりする方法が、大きな効果を発揮している。

この私信には、個々の官僚に対する、帝のおびただしい評言を記す。もちろん褒詞も少なくないが、目立つのはやはり罵倒である。「木石と同じくらい無知、人間のレベルに達しない」、「おまえを用いた朕がバカだった」、「禽獣《きんじゅう》でもおまえよりマシ」など、えげつない悪罵まで残っている。

いまならハラスメントまちがいなしのこうした発言も、行政を担当実施した官僚に対する勤務評定の一環であった。一人一人を選別することで、少しづつ現実政治も改めていったのである。

評価

前代康熙帝は寛仁大度《かんにんたいど》の君主として、評判がよかった。けれどもこれはむしろ、「迎合」のたまものである。その結末は、先帝じしんをも苦しめた派閥の抗争、私的結託の基盤をなす官界の汚職・腐敗を助長するに終わった。雍正帝は果敢にそこに挑戦し、緩んだタガを引き締めたのである。

緩んだ「迎合」をあたりまえだとみて、引き締めを喰らった当の官僚たちは、自業自得とはいえ、感情としてはたまったものではあるまい。第三者・傍観者の立場なので、喝采をおくってはいるものの、筆者も当事者だったなら、雍正帝のような上司は、はっきりいって願い下げである。とてもついていけそうにない。そんな帝の評判は、よいはずがなかった。

しかし人の上にたつ為政者の立場なら、そうあってしかるべきだろう。ものは少ないから、貴重なのである。天下みな聖人・賢人ばかりなら、孔子も孟子もそんなに偉くないだろう。

雍正年間は政治が清潔になり、賄賂は絶たれ、官紀は正され、貪官汚吏《たんかんおり》は懲らしめられた。千載一遇、めったになかった時代である。このときの官僚は心をいれかえて、上下みな法を守って廉潔。そんな時勢だった。

去勢された宦官が好色でない、といって誰がほめるか。山に暮らして薪を珍重し、水を渡って魚を宝物にすれば、みなバカにするだろう。あたりまえである。なのに、雍正時代の地方官をとりたてて清廉潔白だと称賛するのは、時勢を知らない、というもので、文人の通弊でもある。

以上は章学誠《しょうがくせい》という在野の学者の評言。主著の『文史通義《ぶんしつうぎ》』に収める一文である。かれは一八世紀後半、乾隆《けんりゅう》期の人であり、とくに史学に造詣が深かった。いまでは、中国史上第一等の歴史家・思想家として知られる。しかし当時は、任官することもなく、学問も認められず、不遇の生涯だった。曲学阿世《きょくがくあせい》をこととする「文人」を痛罵してやまぬ章学誠が、「千載一遇」と表現したところ、雍正時代の評価が鮮やかである。

ここからは逆に、雍正から半世紀たった章学誠の生きた時代が、どんな社会になっていたか、おぼろげながら知ることもできようか。そろそろそこに、話を移していかなくてはならない。

第四章　「盛世」

1　改革の終焉

軍機処の設立

雍正時代の改革は、ここまであげたものにとどまらない。目につきやすいところを、さらに二つばかりあげよう。軍機処の設立と思想統制である。いずれも、漢人を統治支配する君主独裁権をいかに効率よく運用するかにかかわっていた。と同時にそのゆえに、次の時代と接続する問題でもある。

まず軍機処《ぐんきしょ》という機関ができたことからはじめたい。これはお堅く法学的にいうと「政務統一の機関」、政権の意思決定の最高機関で、それまでの王朝政権にはなかった、清朝独自のものである。

もともとは、読んで字のごとく、軍事機密をあつかうところ。軍隊の最高指揮権をもつ天子と、その参謀にあたる側近数名の大臣とが構成した小委員会で、いわば参謀本部・大本営だった。そこで、唐宋時代に類似の官庁だった「枢密院」になぞらえられることが多い。一七二九年（雍正七年）、後述するジューンガル戦争にそなえて設けたものである。

ここへは、前線の将軍から報告が直接にとどく。軍事機密であるから、その伝達は迅速かつ内密でなくてはならない。そこに雍正帝が地方大官とやりとりした私信たる「奏摺」との共通性がある。

軍機章京値房（『清代宮廷生活』商務印書館香港分館、1985年より）。宮中に近い隆宗門を入ったところにある。軍機章京とは軍機処の書記官・秘書官で、その詰所。対面が大臣の詰める軍機処の建物になる。

異なっていたのは、その報告の扱いである。奏摺は私信なので、雍正帝しか関わらない。帝一人がみて、考え、筆を執り、返信する。それに対し、軍機処の場合は、帝のみならず大臣も、機密情報の取り扱いに参与した。

雍正帝の「奏摺政治」はかれの独創であり、なおかつ本人一人の責任でこなしていた。そんなことは、精力と信念のある雍正帝ではじめて可能なことであって、誰もができるわけはない。けれども成果を上げてきた以上、無条件でやめられるものでもない。それなら、雍正帝が崩じた後は、いったいどうするのか。

そこで発案されたのが、軍機処の利用である。軍事機密のみならず、一般の行政に関わる皇帝と官僚との私信であった「奏摺」も、ここで皇帝と大臣が共同でとりあつかうことにした。

具体的には、「奏摺」を複数の大臣が目を通し、それに対する皇帝のコメントを起草しておき、皇帝がこのコメントを取捨、添削して、最終的に自らの勅命とする。こうなると、もはや「親展状」でも私信でもなく、通例の上奏文と選ぶところはない。

裏面の行政は、かくて公開されて、既存公式の政務と一体化した。では、その結果はどうなったのであろうか。

裏と表

一事が万事。裏面行政だけではない。雍正帝がそれを通じて達成した改革の成果も、おおむね公開され、公式の制度になった。養廉銀しかり、地方官任用しかり。それらは元来、実地の行政にあたっていた地方と雍正帝とが、直接に連携して立案し、断行したものである。

つまり北京の中央政府は、改革プロセスの核心にほとんど関与していなかった。これは雍正帝が中央政府を自らの権力行使・政策遂行の障碍とみなしたことによる。また、はるか明代の昔にさかのぼれば、地方実地の事情に通じない中央が、一方的に権限を行使し、画一的な政策を強行したことが、多大な混乱と弊害を招いていた。その経験と反省もあっただろう。

雍正帝の課題は、君主独裁をいかに効率化し、効果的に実地の行政改善をはかるかにある。そのよすがになったのが、皇帝と地方現地を直結させる「奏摺」をもちいて、いわば中央政府を棚上げする裏面政治だった。

もちろん自分の目的にかなうなら、公式な中央の関与を帝も否定するものではなかった。皇弟怡親王《いしんのう》が主宰した財務当局は、その好例である。前代から重大な課題となっていた税収の欠損は、かれの指揮で解決に向かい、収支は黒字が増えた。雍正年間は清代で最も財政が健全だった時代である。怡親王は権力争いで弾圧された多くの兄弟とは異なり、まさに帝の右腕として活躍したのである。

しかし政策課題の多くは、帝が地方と直結し、裏面で対処、解決した。正面切って公的に政策・制度・体制を変改したなら、既得権益を有する勢力から多大な抵抗が予想されるため、なるべく手をふれなかったのである。

したがって「奏摺政治」による裏面行政は、改革の窓口として機能していた。二重政治が解消し、すべてが表になっては、改革への道が閉ざされることにつながる。軍機処の設立からほどなくして、雍正時代の改革志向も、終止符を打ったのである。

権力重心の移動

だから「独裁君主」といい、独裁政治というけれど、これを中央集権とはきちがえてはならない。雍正帝が独裁を遂行するなかで、行政権力の比重は明らかに、各省地方当局のほうに傾いている。

清朝の漢人統治は当初からすでに、実務を地方大官に委ねる方針だった。少数の満洲人が君臨するには、そうするほかなかったし、雍正帝の治世もそれに棹さしたものである。地方への委任を加速させ、決定づけ、構造として定着させたといってよい。

けれども帝はあくまで、地方大官を頤使《いし》し、かれらの実質的なイニシアティヴ・権力行使を公然なものとはしなかった。逆にそれが地方当局に対する制御としてもはたらき、その行動の自制と適正化をもたらしていたのである。

帝お気に入りの地方大官として、河南を治めた田文鏡《でんぶんきょう》・浙江の李衛《りえい》・雲南のオルタイが有名である。宮崎市定が「総督三羽烏」と表現したかれらは、雍正帝の意を体して、実にまめまめしく働いた。

ただしそれは、たんに無私有能だったばかりではない。かれらはそれ以上に、独裁という制度の枠組、北京と地方の権力関係のなかで、実地に課せられた改革を実現に移す役割を果たした人物たちなのである。

したがって一八世紀前半の漢人統治をめぐる権力バランスは、精妙な均衡状態にあった。潜在的な行政の実権は、すでに地方当局の手に移行しつつある。しかしそれが公的な制度とはならなかったために、当事者も関係者もほとんど自覚しなかったし、「奏摺政治」をはじめとする雍正帝の統御によって、君主独裁の体裁は保たれた。

すでに一七世紀、君主独裁制のゆきづまりは、明朝の自壊で生々しく実感されている。心ある知識人は、その処方箋を考えざるをえなかった。民主主義に近い構想をもち、のちに「中国のルソー」と呼ばれた黄宗羲《こうそうぎ》が出たのも、この時である。しかし皇帝政治は、清朝二百五十年、なお保たれた。漢人がつくりあげてきた中華王朝の皇帝政治という伝統が存続しえたのは、漢人ならざる帝の精励と善政のたまものだったわけである。

だとすれば、そうした条件がかわれば、北京と地方の権力バランスはくずれ、漢人の統治もそのままではたちゆかなくなって、制度の再編を余儀なくされる。その第一歩が軍機処の設立、それによる地方のイニシアティヴの公然化であった。これで清朝政権の地方に対する制御は、次第に実効を失ってゆく。

それでもなお半世紀は、破綻をみせなかった。破綻どころではない。康熙の武略・雍正の粛正という先代の余沢《よたく》を受け、明敏聡明で精力的な乾隆帝《けんりゅうてい》は、清朝の黄金時代を現出してみせる。

しかしその間に、いよいよ地方に権力バランスが傾く事態が、静かに進行していた。当時は黄金期の輝きに幻惑されたのだろうか、それに気づく者は、どうやら誰もいなかったようである。

2 思想の統制

「文字の獄」

いまひとつ、きわだった出来事は思想統制、今風にいえば言論弾圧である。その代表的なものを「文字《もんじ》の獄」といい、日本風の漢語なら、筆禍《ひっか》事件くらいにあたるだろうか。

これは中国史上、しばしばお目にかかるところである。決して清代に限ったことではないし、実は現代中国も、その例外ではない。権力者を誹謗する報道は封殺される。イデオロギーに背く言論は許されない。筆者にもささやかながら経験がある。

しかしながらとりわけ清朝で、「文字の獄」がくりかえし起こらざるをえなかったのは、満洲人が漢人に君臨する、その統治のありように由来していた。「華夷変態」が物語るような攘《じょう》夷《い》思想が、漢人知識人の間に根強くあったからである。

漢人が「夷」と称するだけで、取り締まらねばならなかった。満洲人を侮蔑し清朝を誹謗する言説は、統治の障碍《しょうがい》になるためである。そうはいっても、はじめのうちは、軍事的に制圧したばかりの時期でもあって、漢人の敵愾心・反抗も旺盛だったし、それを恐れるあまり、清朝の側もいささか過敏、ヒステリックに失したかもしれない。「夷」という文字すら書くのが憚られ、出版は厳しい統制を受け、違反者は極刑をもって脅かされた。それほど満洲政権に自信がなかったことのあらわれでもある。

康熙初年のある事件をあげよう。清朝に都合のわるい記事を載せた書物の出版が摘発されると、すでに物故していた著者は、その咎《とが》で屍を引きずり出されて処刑。家族はいわずもがな、序文を書いた者、校正した者、印刷所・販売店・購読者、合わせて七十名あまりが死刑に処せられ、連坐で遠方に流刑になった者は、無数だといわれる。

知識人の反応と体質

もちろんこの一件だけにとどまらなかったから、知識人はふるえあがった。さぞかし萎縮したことだろう。それにまちがいはあるまい。

一七世紀までの中国思想界は、まことに活潑だった。著名なのは陽明学が成立したことだが、それだけにとどまらない。出版活動は旺盛、あちこちでセミナーも開かれ、古典から時政まで、さかんに議論をたたかわせていた。

そのなかから、孔子の是非にしたがわない、といった李卓吾《りたくご》も登場する。かれを筆頭に、儒教の規範・権威を否定するところまで行き着いた。西洋が「近代」としてつかみとった理性・

合理主義に近づいていたのである。

ところが、さように活潑だった思想界の躍動も、清朝になってからは、考証学一色になった。考証学については、後からくわしく述べるので、ここでは立ち入らないが、学問それ自体が悪いわけではない。しかし当時は、だれもが考証学しかやらず、ほかの学問学派を蔑視する風潮が蔓延《まんえん》した。それはやはり、学術の沈滞だというほかない。

そうなってしまったのは、ほかの可能性を清朝の思想統制・「文字の獄」に圧殺された、というのが定説である。けれども、その責を清朝政権の圧政のみに負わせるとすれば、いささか酷ではなかろうか。清朝にはそれなりの切迫した必要があった。萎縮・沈淪《ちんりん》を導いたのは、むしろ大勢順応、迎合的な知識人の性向によるというべきである。

李卓吾を死に追いやり、その一派の学問を「心学横流《しんがくおうりゅう》」といって非難、排撃したのは、大多数の漢人知識人にほかならない。清朝・満洲人とは何の関わりもなかった。清朝政権になると、今度はその弾圧に応じて、告発を執拗にくりかえす。その担い手もやはり知識人、当のかれら自身がつくりあげた風潮だった。排撃のターゲットが変わっただけ、その偏狭さ、非寛容な態度は、明末も清代も選ぶところはないのである。

さわらぬ神にたたりなし、目先の保身・利禄・富貴を何より優先し、事なかれに終始する。自らの学問・信念を曲げても平気、そんなものは、そもそももちあわせない。権力が発動した統制に迎合する漢人の姿は、まさしく章学誠が蛇蝎《だかつ》のごとく忌み嫌った「文人の通弊」と重なり合う。大多数の中国知識人のそうした体質・姿勢は、清朝・民国・人民共和国と政権が移り変わっても、いまなお連綿と受け継がれているように思われる。

「入り婿」かたぎ

ともあれこの種の事件は、清代に限らず、また雍正帝に限ったことではない。しかしそのクライマックスの一つに、かれの治世が位置したのは確かである。それは帝が単に著述・文字の表層だけでなく、本質的なターゲットだった漢人の攘夷観念とも、正面から対決したからである。

それまでは「入り婿」よろしく、むしろおとなしい。ドルゴン・順治帝・康熙帝ともに、漢人の華夷意識・攘夷観念には受け身であり、迎合的ですらあった。華夷の名分にうるさい朱子学を尊重し、康熙帝などはその教理をひたすらに学び、実践している。自らが「夷」の出身として「中華」に引け目を感じ、同列にみてもらおうと、下手《したて》に出ていた観は否めなかった。やはり自信がなかったのである。安部《あべ》健夫《たけお》の表現を借りれば、「手許に飛び込んで相手を宥《なだ》めるという行き方で」、「同じ中国人に対して反感を抱くこともあるまい」という態度である。

もちろんそうした「反感」が表出すれば、「文字の獄」で弾圧はする。けれどもそれは、満洲人も漢人と同等以上の地位・立場にあることを理解しようとしない頑迷に対する一種の見せしめであって、どこまでもネガティヴな反応だった。

それが雍正帝にいたって、ポジティヴ・積極に転ずる。同じく安部健夫によれば、「外からというか上からというか、ともかく離れてこれを圧えつけるという遣り口で」、「愚にもつかぬ民族的反感のごときは全く無力なことを思い知れ」というにあった。

『大義覚迷録』

転機をなした象徴的な事件がある。陝西省と四川省を統轄し、西方の大軍を掌握していた岳《がく》鍾琪《しょうき》という大官がいた。かつて専権の科で誅戮《ちゅうりく》を受けた年羹堯の後任であり、雍正帝の信任も厚い。そんな岳鍾琪のもとに、のこのこ謀反をすすめに来た男がいた。曾静《そうせい》という。

かれは呂留良《りょりゅうりょう》の著述に影響を受け、清朝政権の支配を憎んだ人物である。呂留良は浙江省の文人、激しい反満主義者で、政権につかえず、康熙二十二年（一六八三）に亡くなるまで、多くの著述を残した。清朝を誹謗するその作品は、ひろく読まれていて、曾静も愛読者の一人にふくまれる。ただ余人ときわだって違うのは、曾静がその言説を実行に移そうとしたところだった。

かれははげしく雍正帝の即位・治世を非難して、岳鍾琪に決起をうながした。六百年前かつて同じ満洲人の建てた金王朝に抵抗し、非業の死を遂げた岳飛《がくひ》と同姓で子孫なのだから、時空を超えて復仇せよ、というわけである。

岳鍾琪もとんだ迷惑である。乗り気なふりをして、曾静にいいたいだけ言わせ、その供述を罪状の証拠として、北京につきだした。

先例にしたがって罰すれば、極刑も免れないところ。にもかかわらず、曾静は赦された。周囲を驚かせたこの寛大すぎる処置には、雍正帝の意向がはたらいている。

曾静の出現には、さすがの帝もショックだったようである。清朝の漢人統治も、百年に近い。治績もあれば、相応の自負もあっただろう。にもかかわらず、前代からの攘夷観念が根強く残っていることを思い知らされた。とりわけ雍正帝としては、粉骨砕身、自らとりくんでいる善政は、いったい何なのか。生涯の事業を言下に否定されたような気分だったかもしれない。

雍正帝はそこで曾静の、いな漢人の観念に渾身で立ち向かう。曾静を徹底的に尋問し、その誹謗に論戦をいどんだ。帝がいかに厚く岳鍾琪を信任し、どれほど献身的に統治にとりくんでいるか。文書をいちいち示して、曾静を完全に説服し、改悛《かいしゅん》させたばかりでない。念の入ったことに、その過程を記録し、帝の見解を自ら披瀝《ひれき》して、一七二九年にその公刊を命じた。名づけて『大義《たいぎ》覚迷録《かくめいろく》』という。

華夷の転換

清朝の「大義」で「迷い」を「覚ましてやる」というわけだが、「迷える」のは、曾静ひとりではない。世に問う以上、そのターゲットは漢人知識人全体の「迷える」観念なのだということがわかる。

それまでの「文字の獄」は、頑迷な知識人を断罪誅戮《ちゅうりく》し、恐怖をいだかせ、反抗させないよう、全体の見せしめにする、というネガティヴな手段だった。ところがこのたびは、説得をつくして、頑迷なその観念じたいを全面的に変えてやろう、というポジティヴな挙である。

それには、清朝のほうの観念・姿勢があらかじめ変わっていなくてはならない。それがあざやかに『大義覚迷録』、雍正帝の発言にあらわれている。

そこで、その一節をみよう。

いま逆賊どもは天下一統・華夷一家の時代にありながら、みだりに中外を分け、忿懣《ふんまん》をかきたてようとしている。……

古より中国一統の世といっても、疆域《きょういき》は広大となりえず、そこで帰服しないものがでてくると、これを夷狄といって排斥した。……漢・唐・宋の全盛時代にあっても、北狄《ほくてき》・西戎《せいじゅう》は代々の外患であり、臣服させてその地を有することは、たえてできなかった。だからこちらとあちらをわけへだてる境界が必要だったのである。

わが清朝が中国に入って主となり、天下に君臨してから、蒙古極辺の諸部落でさえ、すべて版図に帰した。かくして中国の疆土《きょうど》ははるかなひろがりをもった。これは中国の臣民の大幸であろう。それでもなお華夷・中外の分などという論がありえるのか。

「華夷一家の時代」。これが明代以来の攘夷思想に対する雍正帝の反論である。漢人の観点からいえば、自分たちがあくまで「夷」の立場で置かれているところを指摘し、そのように分け隔てする発想じたいを批判、論駁の対象にした。

これまでの治績を強調し、明朝の弊政と対比し、漢人念願の「天下一統」を達成したのは、ほかならぬ清朝であると断ずる。それが「夷」と蔑視、敵視され、攘夷の対象とされる筋合いはありえない。

「華夷一家」

いわゆる「華夷一家」、これはもともと、明朝の建設者・永楽帝がいいはじめたフレーズである。もっとも、明代・永楽帝の「華」とは、あくまで漢人であって、それ以外の「夷」は、漢人に従属すべき存在にほかならない。「一家」とは、両者をはじめから差別隔絶した上で、一つにするものだった。二分法的な秩序原理と説明したそれが、けっきょく通用しなかったことは、歴史の証明したとおりである。

それに対し、雍正帝のいう「華夷一家」は、漢人と満洲人などとを差別しないところから出発した。その点、前代の「華夷一家」とはちょうど正反対、まったく顚倒しながらも、永楽帝のめざしたところは、それで実現したのである。

ふたたび安部健夫の卓抜な表現を借りよう。

夷が野蛮を意味するなら我等は夷でなくて華だ。しかし夷が異民族を意味するなら我等は華でなくて夷で結構だ

雍正帝の真意も、これに近い。もちろん満洲人は、漢人とは異なる。けれどもそれは血統・習俗が同じでないだけで、道徳能力の優劣ではない。清朝が明朝よりも仁徳を体得し、善政を実践したからこそ、永楽でなしとげられなかった「華夷一家」が、康熙・雍正で実現できたわけである。

かくて、清朝の対外秩序のスタンスはさだまった。新しい華夷秩序の成立宣言だといってよい。「華夷変態」的な秩序原理は、ここでようやく克服された。漢人ではないだけで「夷」だとみなして排斥する攘夷思想は、もはや通用しない。かくて「夷」という文字も、大っぴらに使ってよくなった。それはもはや満洲人、清朝を意味しなくなったからである。清朝はまぎれもなく、「中華」になったのである。そしてここがちょうど、世界観の分水嶺をなした。

新たな華夷秩序ができたのは、たしかに画期的である。しかしそれはやはり、「華」と「夷」が形づくる秩序では変わりがなかったところを見のがしてはならない。

「奏摺政治」が軍機処の設立で、以前の通常の文書政治にもどってしまったように、新しい華夷秩序も、それが「華」と「夷」から成る以上は、もとの華夷秩序に回帰する運命にあった。それは清朝そのものの運命をも左右する。

3 乾隆時代へ

残された課題

雍正十三年八月二十二日、雍正帝は晩になって突然、重篤に陥り、夜半そのまま崩御した。享年五十八。いまの感覚なら、まだまだ働き盛りだし、じじつ前日までは平常どおり政務を執っていたのである。あまりに突然の逝去だったので、暗殺の噂も立った。過労が祟《たた》った、とはよくいわれるところである。

ともかく特色ある雍正時代は、ピリオドを打った。後嗣には前代のような紛糾もなく、雍正帝の遺詔どおり、第四皇子の宝親王が即位。乾隆帝である。当年二十五歳の青年で、先代の遺臣も側近におり、雍正政治の継承は上にも述べたように、既定方針として固まっていた。先代の即位時とは異なって、まったく無難なすべりだしだったのである。

雍正年間は十三年とさほど長くないので、なお積み残した課題も少なくない。乾隆帝の治世はまず、その解決に費やされた。

雍正帝がかかげた「天下一統」「華夷一家」は、敵対者のいない世界という意味である。だとすれば、実情に即して正確にいえば、なお達成をみておらず、理念上のものでしかなかった。清朝には大いなる敵対者が、厳然と存在していたからである。

すでに登場した、誅戮された年羹堯にせよ、信任あつい岳鍾琪にせよ、陝西方面に大軍を握る将軍を置いておかねばならなかったのは、ひとえに西方に備えるためである。すなわちジューンガルのプレゼンスが、依然として安全保障上の課題だった。

そのジューンガル、康熙帝とチベットの覇権を争った首領ツェワンラブダンは、一七二七年（雍正五年）に逝去していた。後を嗣いだ子のガルダンツェリンも劣らず精力旺盛、ふたたび四方に兵を出して、活潑な軍事活動を展開する。その勢いは東方ハルハにも及んできた。

さすがに雍正帝も、捨てては置けなくなった。時あたかも曾静事件のさなか、「華夷一家」を標榜した手前、満洲人・清朝の才徳を称揚すべき局面でもある。また本来なら対処、担当すべき岳鍾琪が、事件に関わったことで謹慎の意を示していたから、いよいよ新たな人材が必要だった。帝はそこで、満洲人のフルダンを靖辺大将軍に任命し、二万以上の大軍をつけて、西方の前線に送りこんだ。

ところが、フルダンは一七三一年、軍を進めて不用意に深入りし、ホブドの西で一敗地に塗れてしまった。このためハルハはまたもや、ジューンガルの脅威にさらされることになる。

案の定、ジューンガルは翌年、ハルハに侵攻してきた。これに対し、雍正帝と姻戚関係にあるダンジジンドルジとエフ・ツェリンが、麾下のハルハ軍をひきいて決戦におよんで、ジューンガル軍を大いにやぶり、前年の雪辱をはたした。超勇親王《ちょうゆうしんのう》の号を授けられたエフ・ツェリンは、ホブドに駐在、ジューンガルとの境界画定にあたり、乾隆帝の御代に入った一七三九年、ハルハ・オイラトたがいの遊牧が、アルタイ山脈を越えないことで、ひとまず合意する。

清朝はかくて、ジューンガルを撃退し、モンゴル高原進出を再度はばんだ。けれどもその勢力はなお旺盛で、西方には拡大さえしている。当面どうにか小康状態は保っているものの、いつまた東進してくるかわからない。なお脅威に感じつづけざるをえなかった。その解決が乾隆最大の課題となったのである。

「新疆」の成立

しかし清朝にとって、課題解決の日はさほど遠くなかった。相手の内部事情が急転し、局面も一変したからである。

行動力あふれるガルダンツェリンが歿したのは、一七四五年。その統率がなくなったジューンガル部族、ひいてはオイラト全体が、たちまち分裂、内紛状態となった。実権を握ろうとした野心家に、アムルサナーという部族長がいる。かれは一七五四年、擁立したジューンガルの当主と不和になって、争いに敗れ、清朝に投降してきた。

乾隆帝はこの機を逃さなかった。翌年、二万五千の満洲軍と同数のモンゴル軍を動員、アムルサナーの手引きで本拠のイリ渓谷に迫り、わずか百日で当主をとらえ、ジューンガルを潰滅させたのである。

清朝は降したジューンガル・オイラトの人々を四部に分け、それぞれに首領、つまりハーンを置こうとした。体のいい分割統治である。しかしことの発端を作ったアムルサナーは、あてがはずれて不満をつのらせた。オイラトすべてを支配できるとふんでいたからである。かれはクーデタを起こして、清朝の勢力を駆逐した。

乾隆帝は一七五七年、あらためて遠征軍を編成して、攻撃を加える。アムルサナーは形勢不利に陥り、追撃を受けてカザフに逃げこんだすえに、天然痘に罹《かか》って死んだ。乾隆帝はその遺骸の引き渡しを再三もとめたけれども、ロシア側は応じなかったという。ともかくこれで、名実ともにジューンガルは滅亡し、天山山脈の北側・イリ渓谷の地も清朝に帰した。

天山山脈の北はジューンガル、チベット仏教の根拠地だったのに対し、南側、天山南路はオアシス都市が点在し、トルコ系のムスリム住民が暮らす地である。かれらはかねてより、北方のジューンガル・オイラトの支配下に入っていた。ところが、清軍が天山北路を制圧し、アムルサナー・ジューンガルが没落したのをみて、盟主のホージャ家を中心に自立をはかったのである。

天山北路を征服した清軍は、南路のムスリムたちが服従しないのをみて、翌一七五八年、大挙して進攻し、次々にオアシス都市を落としていった。翌年には、最後のヤルカンドを占領して、東トルキスタン全域を制圧する。この天山南北路あわせた地域は、あらたに「新疆《しんきょう》」と命名された。

康熙帝以来の清朝最大の宿敵が、ようやくこれで消滅した。ときに一八世紀も半ばを過ぎたころ。清朝が「中華」と一致したのが、その世界観の分水嶺だとすれば、百年来の宿敵の消滅は、対外関係の分水嶺をなす。そしてこのあたりから、清朝の相貌も行動も、変化をみせてくるのであった。

康熙のデフレ不況

その変化をみるため、まずは人口に膾炙《かいしゃ》した「康熙・乾隆」というフレーズを手がかりにしてみたい。これは清朝の全盛時代を指す表現、ともに稀代の名君、在位六十年という空前の長期政権の年号をならべた言い回しである。間の雍正が十三年と短いためか、省いてあるので、雍正帝の存在を知らない人も少なくなかった、という話さえある。

その「康熙・乾隆」、ざっくり言って「康熙」は一七世紀の後半、「乾隆」は一八世紀後半の時期にあたる。さらにそれぞれの様相を一言で表現するなら、前者は戦乱・不況、後者は平和・好況の時代だった。「康熙・乾隆」と一まとめの言い回しながら、各々の世相はまったく逆なのである。

なぜそうなるのか。乾隆時代を理解するためにも、まずは康熙をみておかなくてはならない。

すでに述べたとおり、一七世紀の半ばといえば、厦門・台湾に拠った鄭成功の海上勢力の攻撃に対抗して、海禁・遷界令を実施したころにあたる。大陸封鎖の断行であって、もちろん公然たる貿易はできない。

ところが中国は、大航海時代以来、銀の流通に景気を左右される経済構造になっていた。文明の古い中国では、貴金属はもはや涸渇して、海外からの供給にあおがざるをえない。貿易が減少すれば、中国の特産品が海外に売れず、貨幣たる銀が入ってこなくなる。銀の輸入・流通が不足すれば、中国内の各地で需要が落ち込み、デフレに陥ってしまう。

明代では民間がそれを嫌って、貿易の統制・禁止を強行する権力に抵抗したために、「北虜南倭」という騒擾《そうじょう》に発展した。しかし新興の清朝は、より強力な政治力・軍事力でおさえつけて、交通の遮断を励行する。

さらに、時の天子・康熙帝は質実剛健、日本でいえば同時代の八代将軍・徳川吉宗とまさに好一対である。その政府も、緊縮財政であった。節約する、浪費しない、といえば、確かに聞こえはよい。けれども財政支出が減るのだから、銀はいよいよ市場から引き上げられ、流通から姿を消した。

景気はかくて、いよいよ落ち込んだ。当時のことばで「穀賤傷農《こくせんしょうのう》」といった。穀物が安価で農民が苦しむ、との意で、もちろん穀物・農民ばかりではなく、全般に及んだから、物価低落による窮乏、いわばデフレ不況にほかならない。

鄭氏政権が降服して、海上の脅威が消えると、帝はようやく康熙二十三年（一六八四）、海禁を廃して貿易を公認する。これで大陸からの渡航も、海外からの来航もできるようになった。いわゆる「互市《ごし》」のはじまりである。

その効果は覿面《てきめん》だった。はやくも一七世紀の末には、物価の下落に歯止めがかかって、安定に転じる。そして一八世紀の前半から、ゆるやかなインフレがはじまった。康熙帝の治世は、景気がどん底までいって、やがて回復をはじめる局面にあったのである。

貿易の変容と乾隆インフレ

康熙の不況は、日中貿易の衰退もその一因である。戦国から江戸初期の日本は、世界随一の金銀産出国であり、明末まで中国の主要な貿易相手、銀の供給国だった。そのことが「倭寇」の真因だった、といっても過言ではない。

その趨勢は徳川時代に入っても、しばらくは継続した。もとより「倭寇」という形ではなく、平和裏の交易である。いわゆる「鎖国」だったから、寧波《ニンポー》から長崎に商人が来航するとい

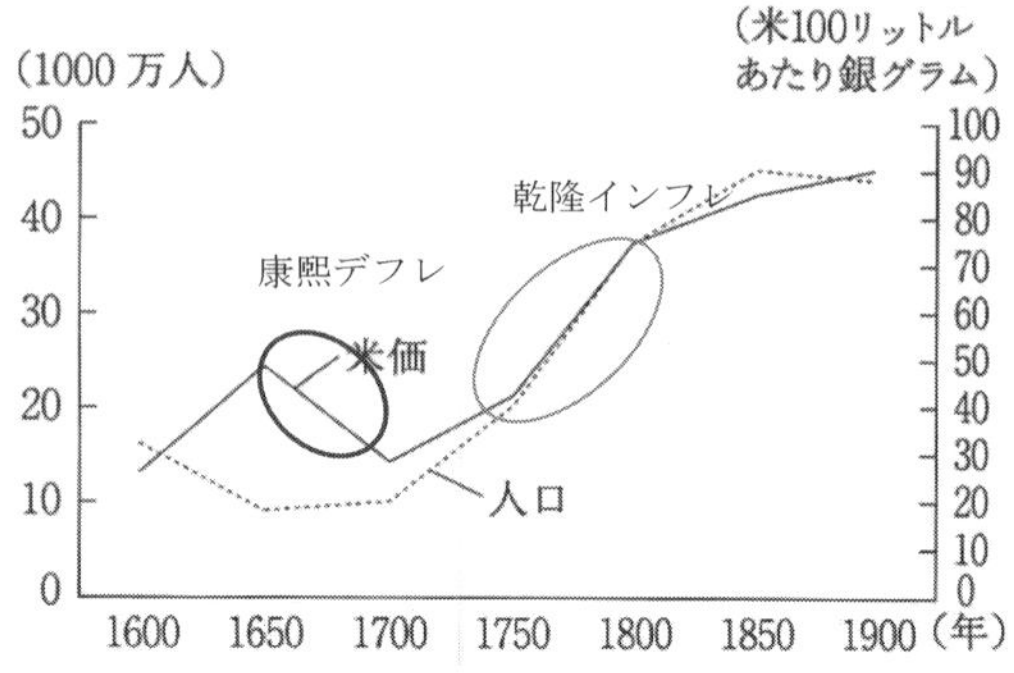

康熙乾隆：物価動向と人口動態（拙著『李鴻章』より）

う一方通行ではあった。

　しかしこのような対中貿易も、一七世紀の後半から、中国側の海禁励行と並行するかのように減少した。日本の金銀の鉱産資源が涸渇《こかつ》してきたからである。その後も日本の輸出は、銅や海産物と主要品目を変えながら、続きはする。けれども減退の趨勢は、一九世紀の終わりに至るまで、一貫して変わらなかった。なかんづく中国への銀供給は、康熙デフレが収束するのと前後して、途絶えていたのである。

　にもかかわらず、中国は一七世紀末に貿易を再開したら、不況を脱し好況に転じていった。それは日本に代わって、銀を供給してくれる相手が、新たに見つかったからである。西洋諸国であった。

　一八世紀の半ばまで、中国の最も重要な貿易相手は、東南アジアとインドである。茶・磁器と米穀・綿花など、双方の特産をやりとりする貿易であり、こちらは以後も、堅調に推移していった。

同じ時期、広州に来て貿易を営みはじめたのが、イギリスなど西洋諸国の貿易商人である。もっともその量は当初、比較にならないほど、少なかった。ところが一八世紀も後半に入ると、西洋は大きく購買を増やしてゆく。その商品はやはり生糸・磁器など中国の特産物であり、とりわけ注目すべきは茶である。

欧米では産業革命を始動させていたイギリスを中心に、喫茶の習慣が定着しつつあった。そこで茶が、日常生活に欠かせないものとなってゆく。もちろん輸入も、大きく伸長した。イギリスはそうした情勢に応じて、一七八四年、一〇〇%以上だった茶の輸入税率を十分の一に引き下げ、いっそう大量の茶を買い付け、消費した。

しかも西洋諸国には、中国の需要にみあう物産がなかったから、茶の対価として、大量の銀が中国に流入する。物価はこの銀流入で、右肩上がりの上昇をみせていった。

4　爛熟する文化

考証学

時あたかも一八世紀の後半。まさしくインフレ好況になったのは、乾隆時代にあたる。文化・学問もそんな世相にふさわしいものが普及することとなった。

清朝の「入関」以降、たび重なる「文字の獄」の弾圧を苛酷に感じた知識人らの間で、盛んになってきたのが考証学である。乾隆時代には「実事求是」のスローガンのもと、一世を風靡した。一九世紀のはじめまで、その全盛期がつづいたため、次の天子・嘉慶《かけい》の年号とあわせて、しばしば「乾嘉《けんか》の学」とも称する。

考証学は経書・古典を言語的に正しく読むための学問である。それが書かれた時代に最も近い資料を、徹底的に収集対照して、文字の誤りなどを実証してゆく、すこぶる科学的な方法をとった。その起源に、西洋の影響をみる向きもある。

いわゆる最も近い時代とは、漢代である。その研究が主となったので、考証学をふつう「漢学」とよぶ。また「樸学《ぼくがく》」とも称した。こちらは漢代の虚飾のない素朴なテキストにまでさかのぼって、オリジナルの資料を追究する、という意味である。

この学問はつとに明末からはじまっていた。一七世紀に蘇州《そしゅう》出身の顧炎武《こえんぶ》がこれを完成させ、以後も蘇州が漢学の中心だった。

当初は古典の究明を通じて、現実政治に役立てる「経世済民《けいせいさいみん》」をめざしたものである。したがって目前の外敵だった清朝をターゲットにする「攘夷」思想も、そこには横溢していた。顧炎武じしん、明の遺臣を自任したから、その著述には、清朝排斥の言辞が充ち満ちている。

しかしながら、漢人全体が清朝の支配下に入ると、そんな「攘夷」イデオロギーは急速に希薄化した。考証学は結論を導くのに、厖大な資料を集めて比較検討し、その批判を通じて実証してゆかねばならない。だからそんな手続きに精力を傾注すれば、必ずしも観念・理論・ドグマを考えなくてすむし、あるいは、考える余裕すらなくなる。考証学はむしろ大多数の知識人にとって、営為と保身を兼ねはかる手段として、もってこいの学問方法だったわけである。

このように漢人の抵抗力を弱める効果があるので、清朝の支配にとっても、考証学からイデオロギー色を薄くし、「攘夷」思想さえ抜き取れば、それを抑圧するいわれはない。実証そのものは、実直な満洲人の好みにもかなっていただろう。考証学の流行には、そんな条件もそなわっていた。

四庫全書

条件というなら、さらに乾隆年間の「四庫全書《しこぜんしょ》」編纂をとりあげなくてはならない。「四庫全書」とは、中国中の古今ありとあらゆる漢籍を網羅的に調査収集し、編集刊行した一大叢書のことである。

その編纂はもちろん清代最大の文化事業であったから、当代一流の学者を動員した。収集した厖大な書物を研究したばかりか、その目録・解題もつくったため、考証学がいっそう発展し隆盛におもむく機縁にもなった。その恩恵はいま現代にも及んでいる。

その反面、「四庫全書」編纂は「攘夷」思想をふくみ、清朝の統治を阻碍する有害な図書を捜査検閲摘発し、発禁にする処置でもあった。いわば「文字の獄」の一環、ヴァリエーションである。アメ・ムチを兼ね備えた事業という点で、名君の善政・思想の統制という清朝の漢人支配の一縮図にほかならなかった。

したがって、「四庫全書」のような政権主催の国家事業でも、個人の著述活動のレベルであっても、事情はさしてかわらない。「華夷変態」「攘夷」のような、清朝を頭から蔑んで敵視する思想・言説は、鳴りをひそめた。

実証主義というのは、面倒なものである。まずデータを知り、揃えるために、厖大な時間と金銭を費やす。さらに立証を導く一定の手続も、逐一ゆるがせにできない。けれどもそれさえ履《ふ》んでおけば、よほどの難問にとりくまないかぎり、考証はそれなりの答えが出るものでもある。

逆にいえば、頭脳がさほど明敏でなくとも、さしつかえない。一定の知的水準と経済的時間的な余裕さえあれば、誰にでもできる作業なのである。それが盛行したということは、当時はそんな余裕を生み出す社会状態にあったわけである。

それが乾隆時代の好景気、平和と繁栄である。政府も商人も、学問・文化に惜しみなく金銭をつぎこめたし、学者も統制の埒外《らちがい》にさえ出なければ、思いのまま考証学に打ちこめた。さしも清朝に反抗的だった漢人知識人も、もはや躊躇なくそうした境遇を満喫、謳歌する。権力の支配に馴致《じゅんち》されていった。

蘇州と揚州

こうした学術・文藝の中心は、南方の長江下流域である。乾隆のインフレ好況で最も繁栄し、恩恵を最も享受したのも、経済先進地域のいわゆる江南デルタだった。その余沢で文化が栄えたといってよい。

当代第一の都市といえば、江南デルタの中心・蘇州である。周囲を含めた都市人口は優に百万を下らない。明代から絹織物業・木綿工業などの手工業が盛んとなり、兼ねて内地商業の中心として栄えて、一八世紀にその繁華をきわめた。

地元出身の顧炎武以来、蘇州は考証学のメッカとなり、研究は最もすすんでいた。考証学ばかりではない。戯曲・芝居など娯楽的な文藝も、蘇州が最先端を走っていた。京劇が興る前に、中国の演劇のスタンダードだったのは「崑曲《こんきょく》」であり、蘇州府下の崑山県《こんざん》で音曲ができあがったものである。

庭園も料理も当代一流であった。前者はいまも残る留園《りゅうえん》が代表的なもので、世界遺産にも登録されている。料理は現在「蘇菜《そさい》（江蘇料理）」と総称されるものだが、当時はやはり、蘇州がグルメ垂涎の的だった。あらゆる文化の粋を萃《あつ》めた蘇州が、「地上の極楽」と称されたのも、当時の世界をみわたせば、あながち誇張ではない。

一八世紀に繁栄し、蘇州と並んで文化の一大センターとなったのは、揚州《ようしゅう》だった。長江と大運河の交叉点で、淮南《わいなん》・江北を後背地にもつ塩の集散地である。塩は専売品であって、政府とつながる巨大商人が揚州にあつまっていた。しかも当時の好況で、人口が増えるとともに、塩の消費量も上がって、塩商は大きな利潤を博した。その富力が文化繁栄の追い風となる。

たとえば、当時の画壇に新風を吹き込んだ文人画家の金農《きんのう》・鄭板橋《ていはんきょう》らは、「揚州八怪」とよばれた。「怪」は類のないもの、ということで独特の画風を表現したものである。売れないところに、絵画は育たない。揚州という市場が藝術活動を支えた代表的な事例とみることができる。

一八世紀の後半になると、塩商が巨費を投じて書画骨董を収集し、造営した庭園に学者を招いて、サロンを開くことが流行した。考証学者はこうしたパトロンのもとで、研究に従事したわけである。経学の戴震《たいしん》・恵棟《けいとう》、史学の銭大昕《せんたいきん》・王鳴盛《おうめいせい》・趙翼《ちょうよく》ら、現在でも知られる著名な学者も、その例外ではない。

「南巡」

絢爛たる文化が栄えた江南は、多くの人々が憧憬するところ、誰もが引き寄せられた。権力者・主権者も例外ではない。天子もその「地上の極楽」をいたく好んだのである。

中国では、南船北馬という。水郷ののどかな風光は、北京・華北ではみられない情緒がある。そこで乾隆帝は紫禁城を出て、しばしば「南巡」をおこなった。都合六度にのぼる。その紀行は『南巡盛典《なんじゅんせいてん》』と名づけた百二十巻の浩瀚《こうかん》な書物で、宮廷から豪華版が刊行された。

「南巡」とは、天子の江南旅行という意味、近年の中国研究で著名なのは、鄧小平の「南巡講話《なんじゅんこうわ》」である。これ以後、中国は「改革開放」を加速させ、経済成長をつきすすんで、世界第二位の経済大国にのしあがった。

その「南巡」なる漢語の典拠は、直接には乾隆帝のそれであり、ともに未曾有の好況をみちびいたことで共通する。そして乾隆帝の「南巡」のほうは、祖父康熙帝のそれを強く意識したものだった。

康熙帝が「南巡」に出かけたのは、ようやく長江流域を清朝の統治下に組み入れたばかりの

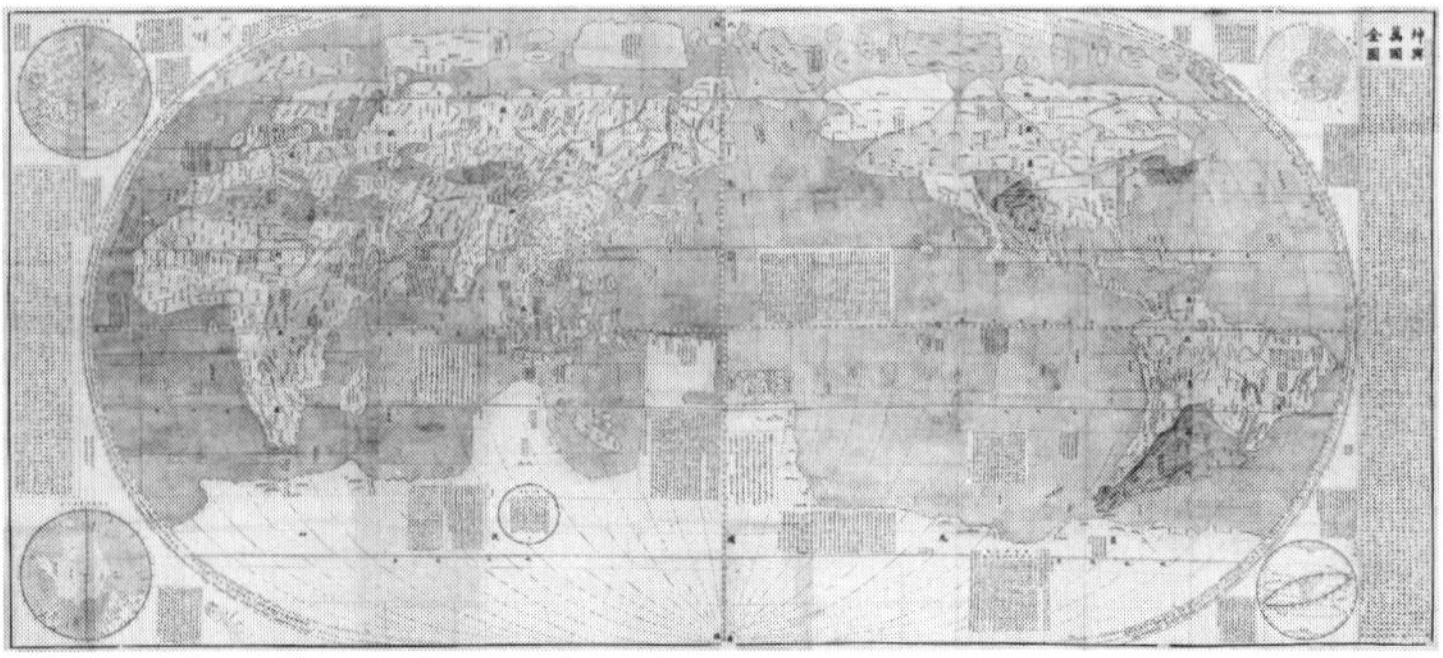

日本に伝来した坤輿万国全図（東北大学所蔵）

ころである。六度も出かけたのだから、もちろん物見遊山も兼ねていただろうが、むしろ敵情視察、進駐巡回といった側面が大きい。費用も宮中から支出したし、沿道の住民に迷惑をかけたといって、その年の税金を免除したりした。それなりに緊張感はあったのである。

しかし乾隆帝はちがう。いうなら、お大尽の享楽であった。その行くところ、必ず贅を凝らした歓迎行事が催され、行宮《あんぐう》もしばしば新たに建築された、と伝えられる。かかった費用は、祖父の「南巡」のざっと十倍だった。

これでは千年の昔、やはり揚州に遊んだあげく国を失った、悪名高い隋の煬帝《ようだい》と何ほどもかわらない。さすがに帝本人も、晩年になってようやく、何度も「南巡」して民に迷惑をかけたことを後悔したという。

東西の文化・日中の文化

清代の文化でみるべきは、このような中国伝統のものだけではない。清朝が興起した一六世紀末から一七世紀は、日本は戦国末期から江戸のはじめ、対外的にはいわゆる南蛮渡来の時代である。大航海時代の影響は何も経済や治安だけにとどまらない。ポルトガル・スペイン、ついでオランダ・イギリスが東アジアにやってきて、西洋の文明をはじめてもたらした。

そのため同時代の中国の文化も、ヨーロッパの影響を強く受けている。直接・具体的にはマテオ・リッチら、明末に渡来したイエズス会宣教師が西洋文化を紹介したことにはじまった。

自然科学で優越するその文化は、中国在来の兵器・建築・地図・絵画・暦法などを大きく変えている。しばしば画像が紹介される『坤輿《こんよ》万国全図《ばんこくぜんず》』は、なかんづく著名だろう。中国の人々が地図で精確な中国と世界の姿を知ったのは、この時である。

また日本の鉄砲が戦争を変え、政治を変え、いわゆる「天下統一」を導いたように、中国でも西洋の大砲が同様の役割を果たした。その影響は軍事面・政治面できわめて大きい。清朝が一八世紀まで、近隣に武力で優越して、新疆にまで拡大を遂げることができたのは、半ばそうした兵器の革新によっている。

節倹《ケチ》で共通していた同時代の康熙帝と徳川吉宗は、西洋文明を好んだことでも、足並みを揃えていた。キリスト教に対する姿勢が厳しかったことでも、日清はやはり共通する。一八世紀のはじめまでに限定すれば、双方は同一のコースをたどっていたかのようにみえる。

しかしその限定をはずして、もう少し長期的にみると、どうも同じではない。とくに一八世紀の半ばを越えた時期が、ひとつの分岐点と考えられるだろうか。

円明園：噴水のある海晏堂を描いた銅版画

ちょうどそのころ、乾隆帝が離宮の円明園《えんめいえん》を拡張した。いまの北京大学の近くに、その遺構が残っている。このときヴェルサイユ宮殿を模した区画を設けて、壮麗な西洋風の建物を築き、噴水まで建造した。イエズス会士のブノワやカスティリオーネらが設計にかかわっており、祖父の康熙帝と同様、なお西洋文明への関心が旺盛なように見える。

日本はそれに対し、以後いわゆる田沼時代に入る。杉田玄白らの『解体新書』刊行、工藤平助の『赤蝦夷《あかえぞ》風説考《ふうせつこう》』完成など、民間で自発的な実学の西洋化が大いに進展した。それに対し、清朝では宮廷での西洋趣味は、それなりに存在したけれども、しょせんは趣味・奢侈の一環にすぎない。民間・実学レベルで日本のような現象は、ついに起こらなかった。同一コースにみえた日中は、じつは同じではないのである。

さらにいえば、ヨーロッパでも同じ時期、イエズス会士がもたらした中国情報をもとに、シノワズリ（中国趣味）やシノロジー（中国学）がはじまり、その水準はめざましく上がっていった。東西もやはり、非対称というほかはない。

5　栄光の背後で

「十全武功」

そこには、さまざまな原因が指摘できる。けれどもやはり大きいのは、清朝がこの時代になって、上下あげて有した自足と自信であった。それは裏返していえば、危機感の希薄化・緊張感の喪失、もっとはっきりいえば、弛緩・ゆるみである。

それはほかならぬ乾隆帝の行動・事蹟によくあらわれている。何といっても代表的なのは、「十全老人《じゅうぜんろうじん》」と自称したことであろう。印璽《いんじ》も存在した。「十全老人」とは「十全武功《じゅうぜんぶこう》」にちなんだ称呼、「十全」とは完全無欠の意で、「武功」もその数字に合わせ、六十年におよぶその治世で、十度の遠征にすべて勝利した、という偉業の誇示である。ご丁寧に「御製十全記《ぎょせいじゅうぜんき》」なる文章まで作って宣伝した。

そのうち最も有名でかつ重要なのは、すでに述べたジューンガル・アムルサナーとの戦い、くわえて南方のオアシス地帯に住むムスリムを併せて「新疆」とした。計三度の「武功」である。

それから四川西方の大金川《きんせん》・小金川への遠征。「大金川」「小金川」とは、長江支流の地名であると同時に、その嶮岨《けんそ》な山中に住むチベット系の部族の名称でもある。こうした集団も、在来の慣習を尊重する多元共存の原理にのっとって、その君長を「土司《どし》」に任命し、一種の自治をおこなわせていた。それでも政権の統治に服さなくなれば、武力で制圧する場合もある。乾隆十年代および三十年代に、背いた大金川・小金川に対し、二度にわたって征討をおこない、服属させた。

わずか三万戸くらいの部族集団に対し、合わせて十年近くにもなる戦役だった。七万を越える軍兵と七千万両におよぶ軍費を投入して、ようやく平定できたもので、軍費は「新疆」作戦の倍以上かかったというから、決して褒められたものではない。ともかく前後あわせて計五度。

同じく西南の方面では、乾隆三十年（一七六五）から三十四年にわたって、三万ちかい軍勢でビルマに遠征した。境界での交易の活潑化にともなう紛争の多発が原因である。清軍はやはり山川嶮岨な地の行軍を余儀なくされ、国都の近くに迫りながら陥れることができず、ビルマ王の降服を容れて、これを朝貢国にくわえた。「武功」はこれで六度。

乾隆得勝図（銅版画）平定西域戦図

乾隆五十年代はたてつづけ、前半は東南方面である。鄭氏政権の降服で版図に帰した台湾では、漢人の入植がすすみ、それにともなってトラブルも増えてきた。必然的に武装集団が発生し、そのひとり林爽文《りんそうぶん》なる人物が官憲と衝突して、叛乱を起こしたのである。乾隆帝は乾隆五十三年、寵臣の福康安《フカンガン》を派遣して鎮圧させた。七度めの「武功」。

その翌年は、ベトナムの服属である。当時のベトナムは黎朝《レちょう》が君臨していたけれども、このとき南方から阮《グエン》氏の勢力が勃興し、ハノイに進駐して、黎朝の国王を追放、権力を掌握した。いわゆる西山《タイソン》党の乱である。黎氏一族は救援を清朝に求めたため、隣接地方を治める孫士《そんし》毅《き》が軍を進めたが、あえなく敗退。阮氏のベトナム政権と関係を修復して、何とか体面をとりつくろわざるをえなかった。これも「武功」に数えて八度め。

このころは、グルカ族がネパールを統一した時期にあたる。乾隆五十三年（一七八八）、隣接するチベットで内紛がおこったのに進攻したため、乾隆帝は駐在大臣の巴忠《バジュン》に命じて征討させた。しかしかれはグルカへの攻撃を避けて、チベットに賠償を支払わせることで、事態の収拾をはかった。

しかしそんな和平は続かない。チベット側は満足せず、賠償を支払わなかったため、グルカは乾隆五十六年、再度チベットに侵攻した。もくろみの破れた巴忠は自殺し、乾隆帝は代わって、福康安を派遣する。遠征軍はネパールの首都カトマンズに迫ったものの、そこで敗戦して、講和せざるをえなくなった。力の差を自覚するグルカが朝貢臣従することを認めたので、清朝もどうにか面目を保った恰好である。前後あわせて二度の「武功」をカウントし、合計十度、「十全」となった。

幸運児

以上の「武功」で清朝が最大に拡がったのは、確かである。だが「十全」というには、作為的なカウント・数合わせもさることながら、内実がはなはだ貧しい。仇敵ジューンガルとの戦争でも、先代のような存亡をかけた真剣さはなかったし、ベトナムやグルカは、ありていにいって負け戦だった。

にもかかわらず、それを「武功」と誇って憚らないところ、何とも象徴的ではないだろうか。乾隆という人物・時代をよく物語る。

「盛世」の名君として、評判が高い。帝じしんはもとより聡明で、決して暗君ではなかった。しかしその明敏は、内容充実よりも虚栄誇大に費やされている。輿論はそれにすっかり幻惑された。

「十全老人」乾隆帝はとにかく、自信満々である。先代までの「入り婿」かたぎの謙虚・慎重、あるいは細心周到は、もはや微塵もない。これを生まれながらの帝王、「三代目の矜持《きょうじ》」と表現する向きもある。

帝が祖父の康熙帝を強烈に意識したのも、三代目らしい振る舞いかもしれない。何かにつけて、祖父と肩を並べ、凌駕することを目標とした。あえて六度と回数を合わせた「南巡」など、その典型だろうし、寿命・在位年数など、人為ではどうにもならぬことまで、その目標となっている。祖父を故意に越えなかった六十年の在位は、かえって健康長寿を保って後継に譲位できた、という優越心のあらわれでもあった。

「康熙・乾隆」というフレーズは、そんな帝の姿勢から導き出されたものでもある。間にあるはずの雍正の影が、ずっと薄かったのも、祖父に対する乾隆帝の意識過剰、裏返せば、父親の雍正帝に対する冷淡さ、ないし黙殺が作用している。実際の政務でも、そうだった。雍正時代の施政に反対する方針を上奏すれば、それで乾隆帝の嘉納《かのう》まちがいなしといった反動風潮だったのである。

「康熙・乾隆」はすでに述べたとおり、対蹠的な世相である。不況に対する好況、デフレに対するインフレ、いな、桁違いの奢侈の風潮に染まった乾隆時代は、バブルと称したほうがよいかもしれない。

もとより天子も、その例外ではない。康熙帝はデフレの時代を体現したかのような倹約魔だった。それに対し、孫の乾隆帝はさながら、バブル世代の旗手・贅沢の権化である。天子が率先して奢侈の範を垂れ、絢爛たる文化を彩った。住居の紫禁城・離宮の円明園その他を豪奢に修築し、名画・名蹟・善本《ぜんほん》・骨董を買い漁った。いまも故宮博物院《こきゅうはくぶついん》に残る宝物の多くは、かれのコレクションにかかるものである。

康熙が艱苦の時代なら、乾隆は安逸の時代にほかならない。そんな安逸を満喫し、「盛世」を享受しつくして、また大々的に喧伝できた乾隆帝は、つくづく幸運だった。

しかし艱難は緊張を強い、安逸は弛緩にいざなう。緊張感を失った清朝は、いつしか転落の道に入っていた。

妖術事件

清朝権力のコントロールは、このころから確実に低下している。そもそも「十全武功」がそうだった。

周辺の勢力が清朝に反抗すること自体、自他に対する統治の弛緩・失敗を物語っているし、無名の師が多いことも、そのあらわれである。圧倒的に優勢な兵力で敗戦の失態をさらすにいたっては、いよいよ芳しからぬ内情の露呈にほかならない。

戦時・外征ばかりではなかった。平時・内治でもすでに、そんな綻《ほころ》びがみえはじめている。一七六七年の夏から秋にかけ、長江下流域の広汎な地方にわたって起こった「割辮案《かつべんあん》」など、その好例だろうか。

「案」とは事件の意、「割辮」は辮髪を切り取ることである。この「割辮案」がなぜ注目すべき事件なのかといえば、すでに述べたとおり、辮髪は清朝への服属のシンボルであって、これを切断する行為は、それだけで反政権を意味するのに加え、人の魂をぬきとる「叫魂《きょうこん》」という妖術の一環でもあったからである。体制に反抗するばかりか、社会を惑わし治安を悪化させる結果をもたらしかねない事件だった。

案の定、妖術の風聞がひろまり、社会不安が高まってゆく。その動揺が僧侶・道士やもの乞いなど、社会的弱者をスケープゴートにしたてあげ、かれらは民間のリンチ・官憲の拷問にさらされた。

情況を知った乾隆帝は、あらためて当局に捜査を厳命し、反妖術キャンペーンを張って、事件の解決を大々的によびかける。重なるテコ入れの甲斐あって、被疑者は陸続と捕らえられた。けれども首謀者は一向みあたらず、事件解決の糸口すら、容易にはみえなかったのである。

けっきょく事件の正体は「流言」であって、妖術師は実在しないことで決着がつけられた。これほどの大騒ぎになり、多くの人々が被害をうけただけに、何とも後味が悪い。そんな結末から、いくつかの時代相を読みとることができる。

暗雲

乾隆帝がことさら騒ぎ立てたのは、妖術事件そのものに反体制の兆しをみたからだけにとどまらない。むしろいっそう大きな目的は、自分につかえる官僚たちの再掌握だったともいわれる。

皇帝権力の実質を維持するのに、官僚制を自在にコントロールするのは、もとより重大である。縷々述べてきたように、父親の雍正帝も心血を注いだ課題だった。乾隆帝はこの事件の捜査解決を手段として、官僚たちにあらためて強権をふるい、プレッシャーをかけて、掌握を強めたというのである。

それはよい。しかしそれで終わってよかったのか。官僚を掌握するといっても、そのこと自体が最終目標ではない。官僚制が存在しているのは、民間社会を統治するためであって、社会を治めなくては、官僚を思うがまま動かしても無意味である。

ところが乾隆帝の関心は、そもそも官僚層までにとどまっていたのではないか。少なくとも事実経過として、事件の真相がうやむやに終わったのは、けっきょく社会の掌握まではかなわなかったことを物語る。

先代の雍正帝は明確に、そこをめざしていた。かれが地方大官を個別に掌握し、そのなかで改革をすすめていったゆえんである。それでも能臣の李衛に盗賊趙七《ちょうしち》の捕縛を命じて、果たさなかったように、社会の末端にまで睨みを利かせるのは困難だった。

実直謹厳な雍正帝は、まだしもその困難さを自覚し、克服の意欲があった。しかし自信みなぎる乾隆帝はどうか。意欲はおろか、自覚も乏しかったのではないかとも疑える。長い治世のあげく、その感覚はいよいよ鈍麻し、巨大な漢人社会はいわずもがな、最も身近な寵臣一人すら、コントロールできなくなっていた。

和珅《ヘシエン》という満洲人宰相である。軍機処の大臣を二十年つとめ、帝の晩年に君寵を一身にあつめた。兼ねて収賄蓄財にも抜け目ない。上の収賄は下に贈収賄を拡大蔓延させ、官界の頽廃はとめどなかった。社会におよぼす害悪も、それに比例しておびただしい。それが乾隆末年・一八世紀末の実情だった。

そんな和珅にも、ついに破滅の日がくる。嘉慶四年（一七九九）、乾隆帝が崩じて十日たたないうちに、二十ヵ条もの大罪を数え上げられ、自殺を賜った。その不正蓄財が喧伝され、後世には合計およそ銀八億両以上、政府財政の十年分をこえる、という巨額の財産が没収されたと信じられている。真偽はともかく、醜聞にはちがいない。寵臣のこんな末路が生前に露顕しなかったのも、乾隆帝の幸運に数えるべきことなのかもしれない。

6　翳りゆく「盛世」

人口爆発

いささか乾隆帝に辛くあたりすぎたようである。「十全老人」の栄華は、決して帝ひとりが造り上げたものではなかった。それなりの条件がそなわっている。だから栄華にともなう弊害も、必ずしもかれだけの責任ではない。

綱紀の弛緩・権力コントロールの低下といっても、あくまで相対的なものである。支配する皇帝権力・官僚制が劣化したのは、まちがいあるまい。しかし支配された民間社会にも、眼を向ける必要がある。政権の劣化を引き起こした要因は、時を同じくして、社会にいかなる作用をもたらしたのか。

一七世紀の中国大陸は、明末以来の内乱、つづくデフレ不況にみまわれた時代だった。世界的にも異常気象と飢饉で景気が減速したため、「一七世紀の危機」ともよばれる。そのため大陸の人口も減少して、一億前後で停滞した。

一八世紀に入って、清朝の支配も安定し、平和と生産が回復すると、人口も増加に転じ、以後のインフレ好況の持続と拡大は、この動向を助長した。一八世紀の半ば、人口は三億に達し、一九世紀には四億を突破する。百年の間に三、四倍という激増ぶりであって、当時では爆発的なスケールの増加といってよい。

人口が当時、爆発的に増えていった究極的な原因はわからない。なぜこれほどまで増加しなくてはならなかったのか、という素朴な疑問に答えきるのは困難である。けれどもその追い風になった条件は、明らかだし、また少なくない。好況もそうだろうし、平和もそうだろう。物価の上昇と人口の増加は、一三二頁のグラフからもわかるように、ほぼ歩調を合わせた動きだった。

そして忘れてはならないのは、それだけ増えた以上、人々の生存が可能だった事実である。それを支えた生産の向上が、どうやって可能となったかは、知っておかなくてはなるまい。前世紀には、不可能だったはずのことだからである。

流動化

生産力の高い既成の耕地は、すでに多くの人を養っている。再開発や飛躍的な増産も難しいから、それだけではとても、爆発的な人口増加を許容できない。そこで新たにくわわったのが、未開地の開墾であり、新大陸から伝わった作物の生産である。江西・湖北・湖南・広西・

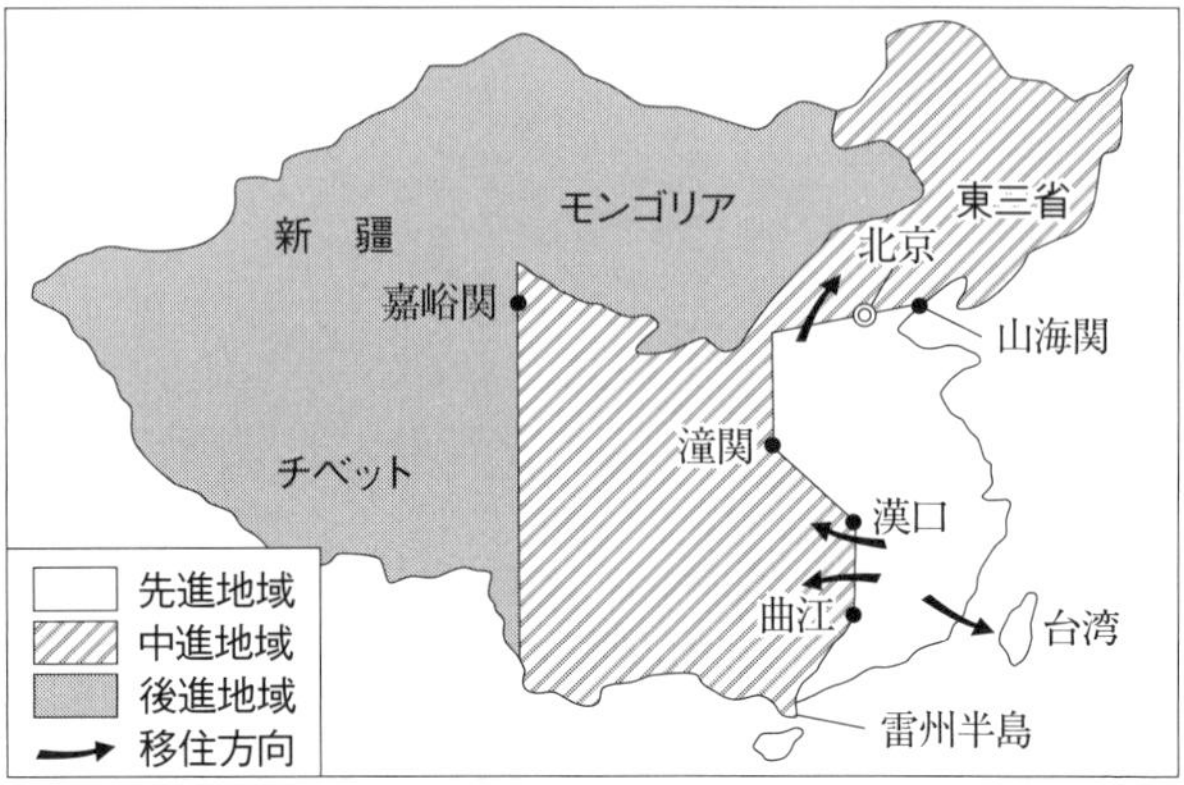

移民と開発（拙著『近代中国史』より）

四川の山地を開拓して、傾斜地でも栽培できる煙草《タバコ》・トウモロコシ・甘藷《かんしょ》を作ることで、おびただしい人口を養うことができた。

未開地とはそれまで、人が暮らしにくく、足を踏み入れなかったところを意味する。開拓開発には当然、移り住んで従事しなくてはならない。既成既存の有利な耕地からあぶれた人々が、こうした不利な条件の土地に向かった。そんな移民が多ければ多いほど、移住入植できる余地は少なくなってゆく。

だから生活は、決して楽ではない。山林を切り開いて焼畑とする略奪的な農法では、収穫は安定を欠きがちである。煙草など商品作物を売って、乏しい金銭を稼ぐかたわら、甘藷などの救荒作物で、飢えをしのいだ。自然環境の破壊をともなっていたから、災害の危険も高まる。

移民は山地に向かう者ばかりではない。中国内の農村から都市への流入も少なくなかったし、海外への渡航移住もまた著しい。いわゆる華僑とチャイナ・タウンの拡大がはじまっていたのである。

このように内外を問わず、おびただしい移住民が溢れ出し、生存ギリギリの暮らしを余儀なくされた。これが半世紀におよぶ「盛世」の実情である。流動化した人々の最低限の生活が、爆発的な人口増加を根柢で支えていた。

秘密結社

繁栄した都市はいわずもがな、いかに条件の悪い土地であっても、まったく先住民がいなかったわけではない。移住してきた人々はかれらとの間で軋轢、紛争をおこしがちで、しばしば迫害も受けた。

そんな移民が前途に希望を失って、既成社会とはちがう規範や秩序を求めても無理はなかった。かくて一八世紀後半の人口増加とともに、通常の秩序から逸脱しようとする動きが活潑、顕著になってくる。

既成の社会秩序といえば、体制教学の儒教を信奉する科挙エリート・郷紳が指導する。だからそんな逸脱の事例は、たとえば儒教と異なる宗教・習俗、つまり政権・官憲のいわゆる「淫《いん》祀邪教《しじゃきょう》」にほかならない。さきにみた「割辮」「叫魂」の妖術も、その一環とみてよいだろうか。いっそう著名で大規模なものとして、のち一九世紀に名の知れわたる白蓮教徒・クリスチャン、あるいはムスリムの教団などをあげることができる。

われわれはこうした集団を、秘密結社と称することが多い。「秘密」というのは、反政府的な色彩を帯び、地下組織となって実態が知りがたいからである。とはいっても、字面から受ける印象ほど、隠微で少数の存在だったわけではない。上にあげた白蓮教徒などもそうだろうし、あるいはいっそう反清・反権力的な「会党《かいとう》」とか「青幇《チンバン》」「紅幇《ホンバン》」とかも、すこぶる著名である。

団体・結社を維持するには、経済的な裏づけがなくてはならない。そこで反権力的な集団が往々にして、禁制品をあつかうことになるのは、古今東西、同断である。

中国史上、最も有名なのは、政府専売の塩を密売する私塩商人である。ほかの時代は別に考察する必要があるけれど、少なくとも清代に私塩が拡大蔓延したのは、こうした秘密結社の増殖にともなってのことだった。もとより私塩に限らない。一九世紀の前半は、麻薬のアヘンの密売集団も有力な秘密結社からなっている。

そもそもが当局・官憲が存在を認容しない集団であって、もちろん取締・弾圧の対象となったし、禁制品を取引すれば、なおさらである。だから秘密結社の側はそれに対抗反抗すべく、いよいよ団結を強め、大がかりな武装をせねばならない。こうして反体制的な軍事力が増殖し、全土に潜在していたのである。

「皇清の中夏」

『五体清文鑑《ごたいしんぶんかん》』という書物がある。康熙帝の時代、満洲人の母語保存のため、「清文鑑」という漢語との語彙対訳辞書をつくったのがそのはじまり。それが乾隆帝のお声がかりで拡充増補されて、満洲語・漢語・モンゴル語・チベット語という四言語、四体の「清文鑑」となった。そして新疆を征服した後は、これにトルコ語をくわえて「五体清文鑑」が編纂されたわけである。

「清文鑑」が対訳辞書であることは、どの時期どの版本も同じである。しかしその性格、そしてそれが象徴する世界観は、乾隆を境に変わってきた。

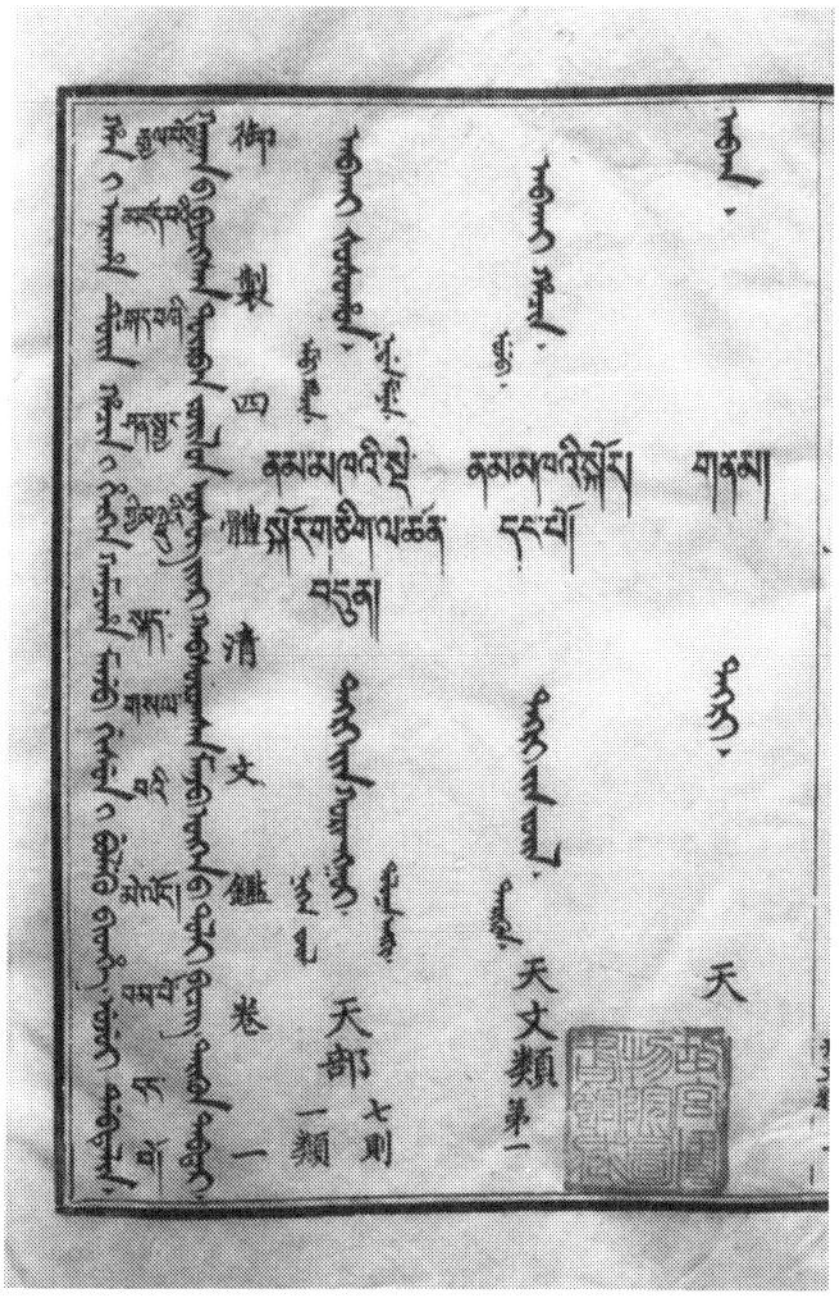

四体清文鑑（翁連溪編著『清代内府刻書圖録』北京出版社、2004年より）

雍正帝が標榜した「華夷一家」が、清朝の世界秩序である。永楽帝・明朝のそれと同じ字面でありながら、種族によらない「華夷」の関係と共存を構想し、実践した点で、前代の概念を百八十度転換させたものだった。

もっとも、その「華」

「夷」は主として、漢人と清朝・満洲人とを指すものである。両者の対比・関係しか問題にしていない点では、前代の世界観と変わらない。明朝の「華夷秩序」原理を前提にしているのだから、初発は是非もない次第である。

ところが乾隆に入り、とりわけ「十全武功」がすすんでゆくと、「華夷一家」はたんに漢人と非漢人との対比ばかりではすまなくなった。モンゴル・チベットなども含んで、それら相互の関係も問題になる。

かくて漢人も満洲人も、モンゴル人もチベット人も、さらにはムスリムも、たがいに優劣のない政治的・文化的完結体と位置づけられた。乾隆帝の立場からすれば、各々がそろって同列に、ひとつの清朝を構成していたからである。それはあたかも、新しい『清文鑑』が四言語、ないし五言語を併置し対訳することで、一つの書物として成り立っているかのようであった。

それなら「一家」をなす清朝のなかでは、もはや「華」「夷」といった尊卑の差別はない。乾隆帝がしばしば口にしたのは、「皇清《こうしん》の中夏《ちゅうか》」というスローガンである。清朝を構成した満《マンジュ》・漢・蒙《モンゴル》・藏《チベット》・回《ムスリム》は、すべてがそれぞれ中華なのであった。一六世紀の大航海時代以来、多元化して騒乱に陥った東アジアは、こうして清朝の体制のもとに共存できるようになったわけである。

喪失

自信満々の乾隆帝である。諸族の統合とそれを表象する『五体清文鑑』を自慢しないわけはなかった。「皇清の中夏」もそうした矜恃を端的に示した言辞だろう。もっとも、それが「中夏（＝中華）」という漢語の語彙概念だった点には、注意を払わなくてはならない。

漢語の論理・観念では、「天下」は「中華」と「外夷」から成ると措定する。その理念で考えるかぎり、「中華」以外は「外夷」とならざるをえないし、「中華」が存立するには、どうしても「外夷」の存在が必要ともなる。

漢人を統治する以外にも、そうした「中華」の概念は、ひとまず必要であった。朝鮮はじめ、琉球・ベトナムなど、多かれ少なかれ儒教を信奉する周辺国にとっては、「華」「夷」は明代からなじみ深い概念だから、それに即した関係を継続しておけばよい。それが最もリスク・コストを低く抑えて、秩序を保てる方法だった。

漢人・漢語・儒教しか相手にしないなら、このように「華」「夷」の二分法が最も説得的である。しかし東アジアの国々は、それだけにとどまらない。日本・モンゴル・チベット、あるいはムスリム・西洋諸国など、漢語・儒教に疎く、無知な国々・集団も存在した。存在ばかりか、一六世紀の大航海時代以降は、それなりの勢力を保っている。かつての明朝はそれに対し、相手を問わず一律に「朝貢一元体制」、「華」「夷」の二分法をあてはめたあげく、統制しそこねたために、騒擾をまぬかれなかった。

そんな摩擦を克服するために、清朝は登場した。そして多元的な東アジアをまとめることが

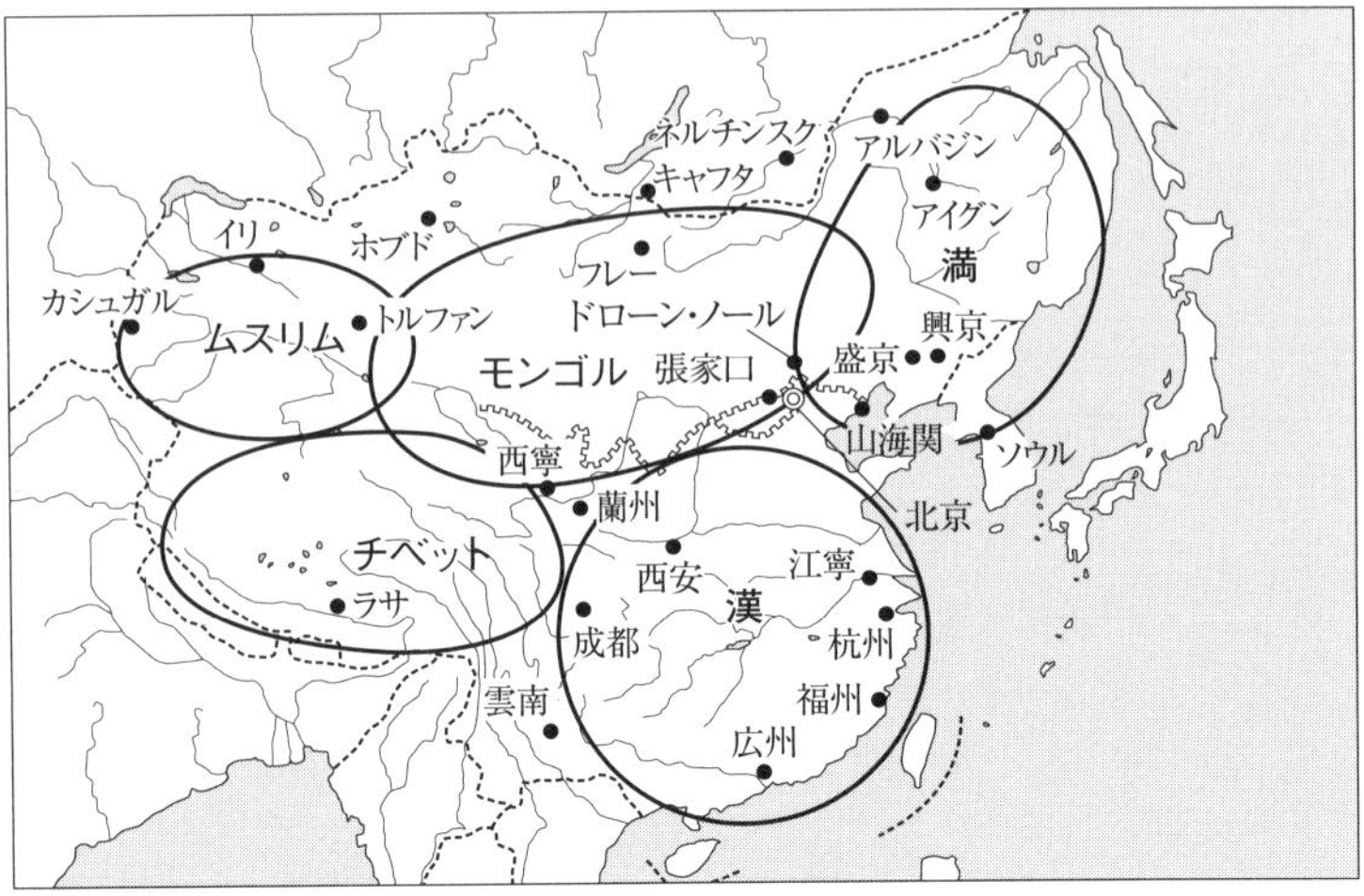

皇清の中夏

できたのは、満洲人は遊牧世界ばかりでなく、漢語世界にも海洋世界にも対応できる複眼を有し、それぞれに「チベット仏教世界」、あるいは「朝貢」「互市」という複数の秩序体系を打ち立て、バランスよく併存させ得たからである。

しかし清朝が拡大するにつれ、そのバランスは崩れゆく。それと時を同じくして、清朝・満洲人の複眼能力が相対的にも、絶対的にも衰えていった。別のことばで簡単にいいかえれば、漢化した、あるいは、清朝が漢人と癒着してしまった、といえばよいだろうか。なかんづく、元来そなわっていたはずの漢人・漢語に対する距離感・緊張感が、失われていったのである。

もちろん清朝・満洲人が、漢人にまったく同化されたわけではない。しかし固有の満洲語を忘れて、日常的に漢語を使うようになったのはまちがいないし、それよりいっそう重大な事態が生じていた。読み書きのことばだけではなく、論理や発想、観念までも、漢語に呑み込まれたことである。

乾隆帝が「皇清の中夏」と称したのは、その結末でもある。自身を全く「中華」とアイデンティファイしたにひとしい。

元来「中華」に非ざる「外夷」であり、それを謙虚に自覚しながら「中華」の地位をめざしたところに、清朝の複眼たるゆえんがある。「外夷」が「中華」の役割を担いつつ改めたことで、旧来の「華」「夷」二分法的な秩序原理を克服し、広大な版図を実現できた。当時の東アジアにおける清朝じしんの存在意義《レゾン・デートル》も、そこにある。

ところが、そうしてできあがったはずの新たな世界秩序を表現し、運営してゆく視座・観念・論理が、乾隆時代を通じて旧態依然の「華」「夷」二分法に回帰してしまったのである。ここで対外関係に関するかぎり、清朝固有独自の特徴、あるいは歴史的使命はなくなった、といっても過言ではあるまい。

マカートニー使節

たとえば、乾隆帝が一七九三年、イギリス国王ジョージ三世に下した著名な勅命は、その典型である。同年、イギリス史上はじめて中国を訪問した全権使節マカートニーは、帝に謁見して、貿易の拡大と国交の樹立を申し入れた。乾隆帝のこの勅命は、それに対するゼロ回答であったばかりではなく、物知らずな野蛮人に諄々《じゅんじゅん》と教え諭す訓戒でもある。以下、『乾隆実録《けんりゅうじつろく》』に収録する勅命の抜粋。

天朝は物産が豊かで満ちあふれており、外夷の貨物に頼る必要など、さらさらない。だが、天朝に産する茶葉・磁器・生糸は、西洋各国と爾《なんじ》の国で必需品だから、恩恵を加えて優遇して取引させ、利益もあげさせてやっている。それなのに今、爾《なんじ》の国の使者が過大な要求をしたのは、遠人に恩恵をあたえ、四夷を撫育する、という天朝の道義をないがしろにするものぞ。

「天朝」は「中華」と同義、清朝・乾隆帝を指し、それと対をなす「外夷」「遠人」「四夷」はみな同じ意味の言い換え、イギリス・外国を指す。われわれは地大物博、自足できるので、まったく貿易を必要としないけれど、おまえたち外国が困るだろうから、恩恵として貿易をさせてやるのだ、貿易を恵んでやるのだから、従順でなくてはならぬ、ということである。

およそ百三十年ののち一九二〇年に中国を訪れた、同じくイギリス人で著名な哲学者バートランド・ラッセルは、この乾隆帝の勅命を自著のなかで引用し、「この文書がバカげたものに見えている間は、中国をわかったことにはならない」と断じた。事実として正しい、というわ

マカートニーと乾隆帝（熱河の離宮でマカートニーとの謁見に臨む乾隆帝。右端にマカートニー一行がいる）（Susan Legouix, *Image of China: William Alexander,* London, 1980より）

けである。

ヨーロッパの近代文明に懐疑をいだき、返す刀で漢語文化に共鳴をおぼえた、当時のラッセルの立場からみれば、なるほど乾隆帝の言葉に、まちがいはなかったのかもしれない。しかしさらにさかのぼって、清朝本来の統治秩序のありようからすれば、これはやはり逸脱である。

新しい「外夷」

一六世紀になってはじめて現れた新来の日本人・西洋人は、そもそも中国と交易することにしか関心がなかった。だから「華」「夷」の秩序体系・「朝貢一元体制」に収まりきらない。にもかかわらず、明朝はその見地からみだりに統制をくわえたため、「倭寇」のような外患を招いたのである。
清朝はそのため、「互市」というカテゴリーを設け、寄港地それぞれに最低限の施設を提供して、儀礼・権力・イデオロギーの関わりをミニマムにした交易を行わせた。前代の「倭寇」のような事態に陥らないよう、いわば安全瓣《あんぜんべん》としたのであって、これも複眼のなせるわざである。

ところが、上にみた乾隆帝の勅命からわかるのは、互恵的なはずだったその「互市」も、「華」「夷」の体系に組み込まれてしまっていることである。イギリス使節のマカートニー自身も、完全に「朝貢」・臣従の使節としてあつかわれた。海を越えて来るイギリスだけにとどまらない。北に隣接し、キャフタ条約を結んだロシアとの通商でも、同じ時期の交渉で、イギリスとほとんど異ならない態度を示している。「皇清の中夏」と対をなす新しい「外夷」の典型は、このように西洋人だった。

すでに近代という時代を迎えている西洋人たちが、そんな待遇をどう考えたか。かれらに近似する観念と感覚をもつ現代人なら、あらためて問うまでもあるまい。

西洋人だけではない。距離感と緊張感を失った漢人統治も、和珅の汚職に明らかなように満漢の癒着が著しく、危機が顕在化しつつあった。さらに西方、最も遅く版図に帰した新疆・中央アジアの草原オアシス地帯でも、統治の柔軟性を失って、内外の隔絶と差別が厳しくなり、遊牧民に拘束と圧迫を強いる体制に転換してゆく。満漢の癒着にせよ、内外の差別にせよ、

「華」「夷」の二分法と発想・行動の根源は同じだった。

果たせるかな、「天朝」の威福をみせつけたマカートニーが帰国してわずか二年後、一七九六年に長江中流域で白蓮教徒の乱、その四半世紀後には、新疆でも大きな反乱がおこる。「盛世」「皇清の中夏」の破局は、もうすぐそこまで迫っていた。

第五章　内憂外患

1　「盛世」のあとしまつ

社会不安

一八世紀の後半・乾隆の御代は、まさしく「盛世」、黄金時代であった。清朝は全盛の極に達し、絢爛たる文化が栄えた。しかし黄金時代とは、つねに苦悶と衰退の前奏曲にほかならない。繁栄の背後では、容易ならざる事態が進行していた。

黄金時代を現出できたのは、前代の蓄積と当代の好況のたまもの、何より四囲の環境が幸いしたからである。乾隆帝を幸運児と称したゆえんだが、禍福は糾《あざな》える縄のごとし、幸運のあとには、災禍が待ちかまえていた。一九世紀に入って、子孫が幸運のツケを払わされることになる。

繁栄の一八世紀が、危機の一九世紀に一転した。その前提は何より繁栄の中にひそんでいる。そこに目を凝らさなくてはならない。

傍目《おかめ》八目《はちもく》、同時代の外国人に助けてもらおう。いま一度、マカートニーに登場いただきたい。かれと部下たちは、清朝が上下あげて「外夷」として待遇、野蛮人あつかいしていたのを尻目に、その繁栄を実見しながら、孜々《しし》として実地調査に励んだ。はるばるイギリスから中国にやってきたのは、それも重要な任務だったのである。

マカートニーはつぶさに観察した結果、繁栄をきわめた当時の清朝にひそむ危機の徴候を見のがさなかった。野蛮人として扱われたはずのかれは、清朝の人々を「現代のヨーロッパ諸国民と比べると、半野蛮人となりはてている」と断定する。そのうえで具体的な現状と未来を語った。

「遠隔の地方で頻発する暴動は、民衆の真情という明白な天命にひとしい」
「独立不羈の伝統をもつ秘密結社は、厳しい監視を受けながらも健在である」
「ささいな衝突で散った火花から、中国の端から端まで反乱の焰《ほのお》が燃えひろがるかもしれない」
「わたし自身が生きているうちに、清朝の瓦解が起こったとしても驚かない」

そのレポートにあるセンテンスを、いくつか拾ってみた。マカートニーが歿したのは一八〇六年、なお清朝は「瓦解」こそしなかったものの、「反乱の」火の手が上がり、すでに変質をはじめているのだから、透徹した洞察力だというべきである。

引用はバラバラの文だが、無関係ではない。まず注意したいのは、一八世紀当時としては、あまりにも急速なペースの人口増である。その及ぼす影響を感得憂慮して、警鐘を鳴らした漢人知識人もいた。

たとえば洪亮吉《こうりょうきつ》は一八世紀の末、耕地の増加が人口増加のスピードに追いつけず、社会が全体として貧困化し、治安の悪化をもたらしかねないことを指摘した。かれはそこから、「中国のマルサス」ともよばれる。またのちには、著名な学者であり詩人の龔自珍《きょうじちん》が、余剰人口のはけ口として、新疆への入植をとなえた。

爆発的な人口増加を経た漢人社会は、巨大化し、多様化し、流動化した。既成の社会からはじき出され、あぶれた人々は、龔自珍に教えを請うまでもなく、自らの生存のため、いたるところに移住入植を始めている。

すでにみたとおり、その生活は厳しい。一種のアウトローたるかれらがよりどころにしたのが、いわゆる「秘密結社」である。既存秩序から逸脱した団体であり、既成社会を擁護する勢力や権力と対立したため、反政府的な色彩を帯びた地下組織となり、武装して官憲の弾圧に対抗した。

つまり人口がふえたために、移民がふえ、移民の増加によって、「秘密結社」が増殖し、そのため「暴動が頻発し」たわけである。「反乱の焰が燃えひろがって」、「清朝の瓦解」につながりかねない社会不安の情勢を、マカートニーは正確に看破していた。

白蓮教徒の乱とその鎮圧

そんな移民が多かったのは、湖北・湖南・広西・四川などの山岳地帯である。そこでは、おびただしい秘密結社もでき、活動も活潑だった。なかんづく焦点は、四川・湖北・陝西三省の境界地域である。境界ということで、権力の浸透度がとりわけ弱いところ、主として湖北・湖南から移住した人々が多く入植し、そこにひろまったのは、白蓮教信仰とそれを紐帯とした結社・教団である。

白蓮教は世の終末の到来を説き、無生老母《むしようろうぼ》を信じることで救済される、との教えであり、儒教を体制教学とする歴代の王朝政権は、これを邪教とみなしていた。漢人に君臨した清朝も、例外ではない。

それでなくとも、移住民は先住民と軋轢《あつれき》をおこしがちであり、先住民が既成権力と提携すれば、白蓮教を信仰し、教団にくわわる人々は迫害、弾圧を受けざるをえない。追いつめられた信者たちは、ついに一七九六年、当局に反抗して蜂起にいたった。これが白蓮教徒の反乱である。

さほど組織だった反乱ではなかったし、目的も明確ではなかった。たとえば政権の打倒をめざしていたとも思えない。それでも、当の清朝政府はその平定に苦しみ、十年近くを費やさねばならなかった。まず軍事的には、常備軍が有効にはたらかなかったからである。

もともと清朝には、八旗《はっき》と緑営《りょくえい》という二系統の軍隊が存在していた。八旗はヌルハチ創業以来の軍事組織である。狩猟の組織をベースに、あらゆる満洲人が属するコミュニティを設けて、八つに大別した。所属する人々を旗人と称する。入関以前に支配したモンゴル人・漢人をも同様に組織化した。満洲人とならんで、清朝の中核をなす軍事力を担い、かつまた権力の中枢をしめる支配階層・特権階級を構成したのである。

緑営は清朝が北京に入って以後、明朝漢人の旧軍を再編したもので、数だけでいえば、八旗を凌駕している。八旗は首都ならびに数ヵ所の要地に集中して駐屯し、まさに軍隊として存在していたのに対し、緑営は多くの地点に、少数づつ散在した。むしろ警察的な役割を担ったとみればよい。当時の漢人社会では、これらの常備軍と権力に反抗する秘密結社以外は、大した武装をしていなかったわけである。

しかし反乱が起こってみると、各地の緑営は役に立たず、派遣された八旗の軍隊も役に立たなかった。戦意が乏しければ能力もない。百年の平和に慣れて、常備軍の体を為さなくなっていたのである。

たとえば、しばしば実行された策に「堅壁清野《けんぺきせいや》」というのがある。住民たちをことごとく城壁のなかに収容し、壕を深く掘って守り、城外の土地は焼き払って反乱軍の補給を断つ、という作戦だった。字面はそれなりに戦術のようだが、要するに常備軍はろくに戦わなかった、という意味でもある。

それでも軍事作戦を遂行し、それが長引けば、軍費はかかる。個々の部隊が無能であれば、せめて数だけでも動員しなくてはならない。いよいよ軍費の投入が大きくなる。清朝政府はこの白蓮教徒の反乱を鎮圧するため、数千万両の財政支出を余儀なくされ、それまで北京の在庫にあった貯蓄がほとんど払底した、というのは有名な話である。

それでも緑営・八旗だけで、反乱軍を平定はできなかった。いっそう大きな役割を演じたのが、いわゆる「団練《だんれん》」である。

反乱のおこった地域はもちろん、それに与する人ばかりだったわけではない。多くの住民はアウトローにならずに、既成の社会秩序をよしとし、それを守ろうとしていた。移民・邪教・反乱は、かれらには迷惑であり脅威であって、したがって戦意・士気も、常備軍よりはよほどすぐれている。そこで現地の住民じしんに、少数の反乱軍なら対抗、撃退できるように、武器をもたせ、訓練をほどこした。これが「団練」で、一種の自警団・義勇兵の結成というわけである。

戦闘の局面では、「団練」を先頭に立て、緑営がつづき、最後尾で八旗が督戦した、という。こうした対策が功を奏したのは、ともかくまちがいない。ようやく一八〇四年、反乱の終結が報告された。

連鎖反応

白蓮教徒の反乱はそれでも、北京からははるかに遠い地の出来事である。だからその帰趨に焦慮をおぼえていたのは、中央政府ではことによると、天子の嘉慶帝《かけいてい》だけだったかもしれない。それほどに要路の危機感は薄かった。

しかしマカートニーが予言したように、「中国の端から端まで」そうした反乱が起こってもおかしくはない情勢だった。はたして、南方の海上でベトナムと結託した海賊が、北は台湾海峡にまではびこる。あたかも白蓮教徒の反乱と、同じころだった。

まもなくベトナム側は手を引いたけれども、海賊の跳梁はやまなかった。海賊といっても、沿海の住民はかれら相手に商売しており、そのかぎりで航行の安全も保証されたから、むしろ武装商人、かつての鄭成功や倭寇の再来といったほうが正しいかもしれない。これを艇盗《ていとう》の乱という。

こちらも遠隔の南方、それも海の上のことだから、いよいよ切迫感は低かったかもしれない。当局もなかなか対処に着手しようとせず、ひとまず鎮圧をみたのは、一八一〇年のことである。それでも沿海の治安悪化が、以後も好転することはなかった。まもなくそれは、イギリスをまきこんで、アヘン密貿易の盛行へとつながってゆく。

そして、こうした趨勢は、もはや遠隔地だけではすまない。ついに首都の近隣でも、容易ならざる事件がおこった。嘉慶十八年（一八一三）、天理教の乱である。もちろんわが国の同名の宗教とは何の関係もない。すでに述べた白蓮教の一分派で、その武装教団が華北の河南・直《ちょく》隷《れい》・山東の境界地域で蜂起したのである。

それだけならまだしも、それに呼応した林清《りんせい》なる人物が、徒党を集めて北京・紫禁城の内部に攻め入ってきた。九月十五日のこと、内通していた宦官の手引きである。ときに嘉慶帝は、内モンゴルの熱河《ねっか》に避暑に出かけて留守だった。手ずから発砲応戦して、宮廷を守ったのは、のちに即位して道光帝《どうこうてい》となる第二皇子である。

呼応内通の手はずを整えているから、南方の白蓮教徒の場合とは異なって、決起はむしろ計画的、しかも反政府色が鮮明である。北京とその近辺で起こったこともあって、反乱そのものは長期にわたらなかった。けれども紫禁城の侵犯ともなれば、ことはきわめて重大である。

嘉慶帝はそのため、事件の起こった二日後の九月十七日、北京に帰還するに先だって、自らを批判する詔勅を下した。いわく、今回の事件は「まったく自分の徳のいたらぬため」で、「漢唐宋明いまだかつてなかったことである」と。

同じく漢・唐・宋・明に「なかったこと」を漢人に述べたのは、『大義覚迷録』の雍正帝である。当時は「華夷一家」の平和と栄光を指していた。百年近くを隔てて、今やその史上未曾有の「こと」とは、宮城侵犯という事件と屈辱である。まったく対極の正反対、乾隆帝をはさんだ前後で、清朝と時代はすっかりかわってしまった。

嘉慶・道光

このような重大事件ばかりではない。この前後に起こった小規模な暴動・蜂起を数え出せば、キリがない。泰平の一八世紀から不穏の一九世紀へと、時代はたしかに転換した。漢語風にいえば、「盛世」から「衰世」へ暗転した、といったところである。

そのコントラストは、歴然だった。そこで「盛世」を「康熙乾隆」と称すれば、どうしても乾隆帝が名君となってしまう。それはよい。だからといって、「衰世」の嘉慶帝・道光帝の二代を暗君としたなら、それは正しくない。

乾隆帝を名君と称するなら、個人・帝王としての嘉慶帝・道光帝は、ともに劣らぬ名君だったといえる。すでに述べたとおり、清朝はその体質として、生存のためには善政を布かなくてはならなかった。その面では、二帝ともごく聡明かつ良心的で、全力で善政につとめた君主だったことに疑いを容れない。真摯という点なら、乾隆帝をはるかに凌駕するだろう。

乾隆帝が父の雍正帝に冷淡だったように、嘉慶帝も父親の治世には、かなり批判的であった。乾隆帝崩御まもなく、その寵臣・和珅を処断したことからも、それはわかる。重大事件にさいして自己批判の詔勅を出すのも、虚栄に明け暮れた父とは異なる誠実さのアピールだったろう。

ともかく嘉慶帝二十年間の治世は、「盛世」のあとしまつに追われる日々であった。どうに

嘉慶帝・道光帝（『清代宮廷生活』より）

か落ち着いてきたころ、継嗣の道光帝へバトンタッチとなる。

その道光帝も、もちろん無能ではない。その資質は紫禁城侵犯事件で、立証ずみである。即位してからは、父親が目前の不穏を鎮めてくれたのをうけて、情勢を挽回すべく、実地の事情に即した改革をおしすすめた。

そこで道光年間には、有能な大官が輩出した。漢人地域の心臓部、江南で塩専売制などの改革を断行した陶澍《とうじゅ》は、その好例である。のちアヘン戦争で著名になる林則徐《りんそくじょ》も、そのうちの一人に数えてよい。世が世なら、父子二帝ともに名君・賢君として、高い評価を受けていたはずである。

しかしそうはならなかった。いかに

名君の善政でも、見るべき治績があったのかといわれれば、それは難しい。やはり時代なのだろう。少なくとも漢人の住む中国は、前代とは明らかに違う段階に入っていた。白蓮教徒の反乱からはじまる事態は、それまで繁栄の下で蓄積されてきた社会矛盾が顕在化したこと、しかも、従来の治安維持のしくみがそれに対処できなくなったことを示している。

もはや旧来の制度・組織・方法では、どうにもならないところにきていた。皇帝の個性・資質や能力・行動ではなく、それ以上に体制全体の問題だったのである。統治機構はスケールも機能も、旧態依然のまま。それどころか繁栄・安逸に慣れて、質は大いに劣化していた。

たとえば、急激なインフレにもかかわらず、税収・俸給も額が据え置きでは、上は宰相から下は小役人にいたるまで、贅沢をしなくとも、生計を立てていけるはずもない。百年前に手当を増やして綱紀を粛正した雍正帝の改革など、もはや元の木阿弥になってしまっていた。

陶澍

林則徐
（ともに『清代学者像伝』第一集・第二集より）

漢人社会が巨大化、多様化したのに対し、政府権力は相対的にも絶対的にも縮小し、無力化した。前者は後者の有効な許容量《キャパシティ》を、はるかに越える存在になっていたのである。配下の統治機構がいわば制度疲労をおこしていたにもかかわらず、嘉慶帝と道光帝は前代「盛世」のツケをそれなりに整理して、何とか破綻させなかった。そこに父子二帝の手腕をみるべきだろう。

2　動乱の時代へ

追いつけない改革

しかしもはや清朝的な皇帝独裁は、現実に対処しきれなくなっていた。すでに嘉慶帝・道光帝本人たちが、あまりの案件の多さに音を上げている。

百年前の雍正帝は、上奏文を一人ですべて読破し、詳細な指示・訓戒を与え、百官を頤使した。漢人に対する清朝的な独裁制は、それが制度化してできあがったものである。けれども一九世紀に入っては、そんな藝当はもはや不可能だった。

嘉慶・道光父子にとどまらない。たとえ雍正帝が生まれかわったとしても、上奏文の分量・

内容ともあまりに多すぎて、処理しきれなかったはずである。独裁権力ではすべてに手が及ばず、処理しきれない事態になっていた。

一事が万事。白蓮教徒の反乱のさい、常備軍が役に立たなかった経過も、権力の手が及ばないという文脈では、まったく同じ。そこで「団練」という軍事の民間委託になったわけである。陶澍が実施した改革も、同様だった。政府が統制する塩の専売が機能しなくなったので、それまでは非合法だった民間業者に委託したところ、税収が伸びて大きな成果を収めたため、専売制度の立て直しがはかれたのである。いずれにしても、民間社会との関係をみなおす改革は、不可避だった。

しかしながら、マスタープランを掲げて一挙に改革を断行するのは、無理である。稀代の「独裁君主」雍正帝でも、現地の実情に関わる情報を多方面から徹底的に収集し、それぞれに適した方法をみいだしたうえで、改革を実施に移した。仔細にみれば、試行錯誤のくりかえしだったことがわかる。

百年前ですら、そうである。いまや巨大社会が相手であり、制度・機構の改編は、実地の事情に即応することが、不可欠となっていた。しかも社会の動きは、いよいよ加速している。たとえ有効な改革を実施できても、どうしても後手に回ってしまい、対症療法に終わらざるをえなかった。抜本的な対策がとれないうちに、蓄積された矛盾が爆発することになる。

アヘンの密輸

まずは対外関係である。この時期、かのマカートニーを派遣したイギリスの存在感がとみに高まってきた。その中国貿易は、量的に急増したのみならず、その質が劣らず重要だったのである。イギリスは茶をはじめとする中国の産物を求め、対価として銀をもたらしたからであり、その銀が中国の各地に流通し、経済を活性化させていた。

つまりイギリスとの貿易こそが、中国一八世紀後半の好景気拡大、乾隆の「盛世」を支えた原動力だといって過言ではない。その点からみても、「外夷の貨物に頼る必要など、さらさらない」と言い放って、贅沢の限りをつくした乾隆帝は、思い上がっていた、といえよう。

しかし時あたかも産業革命のはじまった時代、資金需要が増えつづけるイギリスでは、茶の対価として大量の銀をもちだす貿易のやり方に批判が高まってきた。そこで目をつけたのが、植民地化を進めていたインドに産出するアヘンである。これを中国にもちこんだところ、売り上げが伸び、茶の支払いを相殺できるようになった。こうして中印貿易はインドの黒字、中英貿易はイギリスの赤字で、それらを組み合わせた三角貿易が成立する。

さらに一九世紀に入って、ランカシャーの綿工業が興隆すると、綿花をはじめ、アメリカからの輸入がいよいよ増えてきた。アメリカも中国から茶を買い付けていたことから、この英米・米中間の決済をも、アヘン輸出の黒字でまかなえるようにする。こうして、ロンドンの国

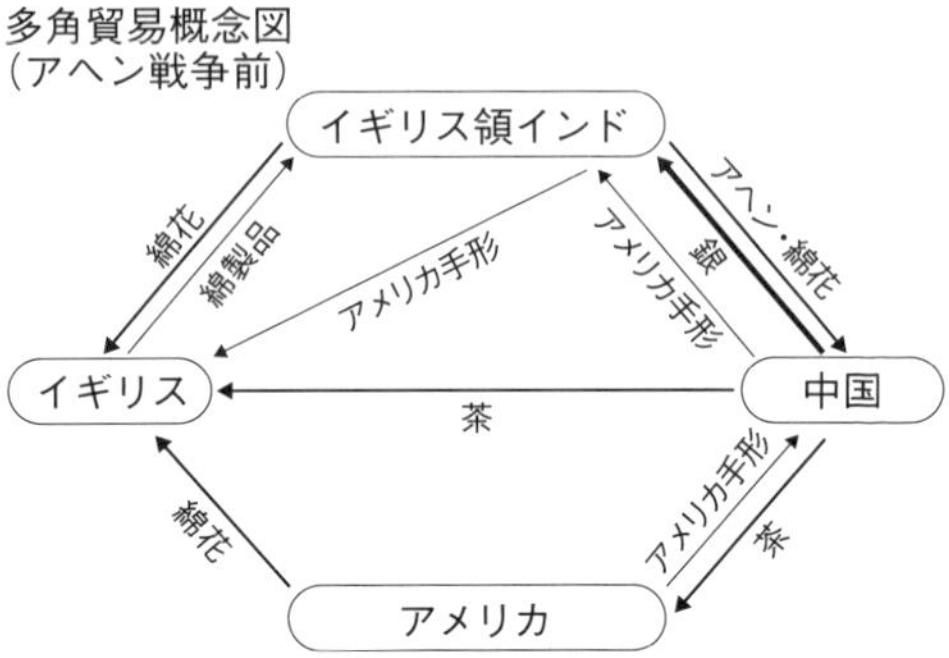

多角的貿易決済概念図（アヘン戦争前）（並木頼寿・井上裕正『世界の歴史 19 中華帝国の危機』中央公論社、1997年より作成）

際金融市場を中心にした、グローバル規模の多角的決済システムが構築された。

中国の目線から端的にいってしまうと、産業革命が進展するのに比例して、茶が売れると同時に、アヘンが入ってくるしくみである。だから当時のイギリスと世界経済は、アヘンの中国輸出を必要不可欠としたばかりではなく、「自由貿易」という名目・大義で正当化しようとした。

アヘンは麻薬である。清朝でも当然、禁制品だった。本来は取引できないもので、それを輸入すれば、もちろん不法、密輸である。にもかかわらず、アヘンの輸入は急増し、それまでの銀流入に取って代わった。それだけではなく、密輸アヘンの代価として、逆に中国内の銀が流出しはじめる。その影響で市場の為替レートも激変し、財政経済に少なからぬ混乱をまねいた。

もちろんイギリスだけの一方的な行動ではない。中国側でも密売に従事する秘密結社など、強力な受け入れ体制が、厳然として存在している。これも白蓮教徒などと同じく、権力による統制取締が十分にはゆきとどかなかった。全般的な治安の悪化とともに、アヘンの吸引・中毒の増加がすすんだ。あいまって、清朝が想定するあるべき対外的な秩序を掘り崩していったのである。

アヘン戦争

道光帝もさすがに坐視《ざし》できなくなった。アヘンの禁制をいかに実効化するか、少なくない日《にっ》

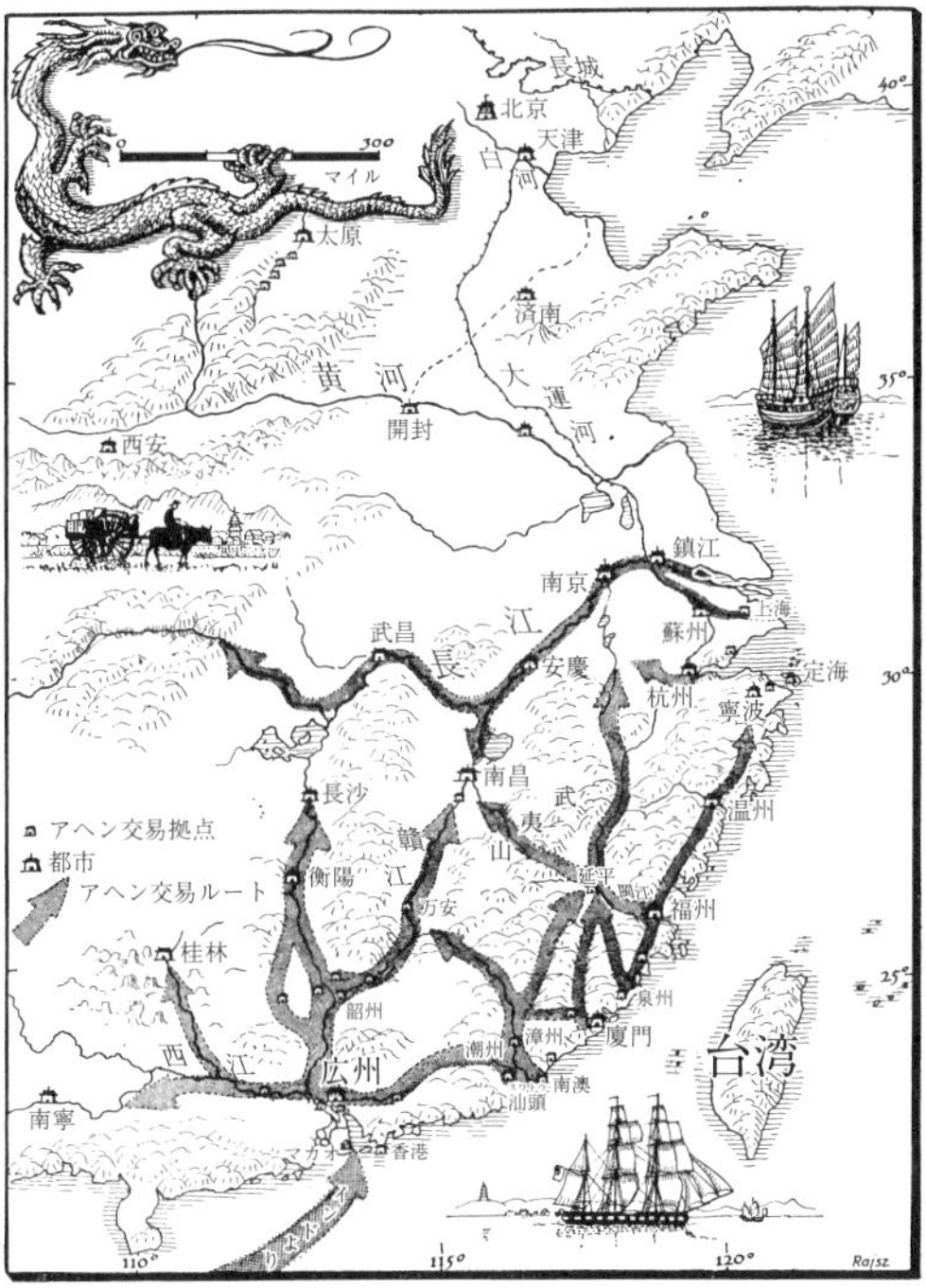

中国におけるアヘン貿易（Chang, Hsin-pao, *Commissioner Lin and the Opium War,* Cambridge, Mass., 1964より作成）

子《し》をかけ、論議と試行錯誤を重ねている。その結果、最終的に決断したのが、イギリスのアヘン持ち込みを水際で防ぐことだった。道光十八年（一八三八）、湖北・湖南両省の総督をつとめていた林則徐を抜擢起用して、特命を付し、広州《こうしゅう》に来航するイギリス商人からアヘンを没収、焼毀《しょうき》させた。

道光帝のおめがねにかなっただけあって、さすがに林則徐は有能である。イギリスの当局と商人の強い抵抗を排して、アヘンの廃棄処分を断行した。任務じたいは成功したものの、問題はむしろそれからである。

アヘンを没収され、生命財産の危機にさらされたイギリス商人は、一八四〇年、本国政府を動かして遠征軍を派遣させた。アヘン戦争の勃発である。

当時三十歳の若きグラッドストンは、イギリス庶民院でこの遠征軍派遣に反対して、

清朝はイギリス人のアヘン密貿易をやめさせようとした。その領土に居住しながらその法律に服従するのを拒む者に、清朝が糧食を拒むのが、どうして罪悪なのか。これほど不正義な原因で、永遠の不名誉をわが国に与える戦争は、かつて聞いたことも読んだこともない。わが誇りのユニオンジャックは、いまや不名誉な密貿易のために、清朝の沿海で翻ることになった。

とうったえた。史上不朽の演説である。麻薬を売りつけるために大英帝国が戦うのだから、グラッドストンならずとも、「不正義」「不名誉」だと感じて当然、後世のわれわれも素直に共感できる。

だからといって、何も密輸とそれに従事する商人を守るだけの戦争ではない。イギリスによるアヘン貿易は、すでにグローバル規模の決済システムの要をなしていた。もしそれがなくなったら、当時の産業革命のみならず、世界経済もたちゆかなくなる。そこにアヘン戦争が起こらざるをえない世界史的必然性があった。

外ばかりではない。中国内でもアヘンの密輸が根絶されたら、困る人々がおびただしくいる。沿海・内地で密輸に関わる秘密結社、およびその関係者であり、もちろん清朝政府当局の味方ではない。二百五十年前・明代の「倭寇」と同じく、外国勢力と内通する勢力である。

グラッドストンのいわゆる「その領土に居住しながらその法律に服従するのを拒む者」は、実にイギリス人ばかりではなかった。むしろ漢人のほうがおびただしい。だから戦争になっても、かれらはイギリスに荷担している。

そのために当時の官憲から、「漢奸《かんかん》」と呼ばれた。もとより現代中国語の「売国奴」まがいの語感とは同じではないし、実態も異なる。むしろ当時の漢人の社会構成が、王朝政権にしたがわずに、外国と通じる「漢奸」をたえず生み出すしくみになっていた、といったほうが正しい。政府権力がそうした民間社会にいかに対処するかが課題だった。それはアヘン戦争でも、内乱とかわるところはなかったのである。

南京条約

清朝も受けて立った。道光帝は「逆夷」と「漢奸」を殺しつくせ、と激烈な宣戦布告を下している。まさに「攘夷」、暴戻《ぼうれい》な外夷を打ち払う戦いだった。

戦争そのものは周知のとおり、イギリスの勝利に終わる。イギリス軍が終始、戦況を有利にすすめ、一八四二年、長江を遡って大運河を封鎖したうえで、南京の攻撃を通告すると、清朝も屈し、南京条約を締結して講和した。

アヘン戦争を終わらせた南京条約は、中国と西洋の関係で大きな節目になった点で、たしかに史上の一大事件ではある。けれどもその条約、および以後むすばれた諸協定は、理解・評価がむずかしい。条文だけ今日の感覚でみると、新たに開港場を開き、領事裁判権・最恵国待遇や協定関税をとりきめた、西洋国際関係の具現化であり、なおかつ外国商人にとって有利な、いわゆる不平等条約である。

勝利したイギリスの主観としては、それまでの清朝との関係を改めて、西洋的な国際関係をとりむすんだつもりである。もちろん貿易も外交も円滑になり、好転してゆくものと期待した。

けれどもその前後の中国現地で、実際に何がおこり、どうなったのかは、しっかりみきわめる必要がある。むしろほとんど変化がなかった、とみたほうが実情に近い。イギリスの期待に反して、清朝側の対外的な姿勢は、以前と変わらなかったし、貿易も伸びなかった。

当の清朝からすれば、依然として世界秩序のありようはかわらない。そもそも儒教的な理念・論法では、フィジカルな力というのは、蔑視すべきものだった。腕力・武力で勝っても、それは優越を意味しない。むしろ軽蔑、否認すべきことだった。天子でも「武帝」より「文帝」のほうが、はるかに格上である。

そうした論理でいけば、戦闘で敗れるのは、必ずしも屈辱ではない。「華」の「夷」との間柄では、むしろ必然だと解釈することも可能である。しょせんはまつろわぬ野蛮人、条約をむすぶことで暴力をおさめてくれるなら、それに越したことはない。アヘン戦争とは、貿易取引で生じたトラブル、南京条約とは、暴れた「外夷」をおとなしくさせる手段。当時の漢語でいえば、「互市」のなかの「撫夷《ぶい》（えびすをなつかせる）」。「外夷の操縦」といってもよい。

つまり清朝および漢人知識人の大多数にとって、通商・条約・外交・国際関係とは、不可能になった「攘夷」に代わる「撫夷」という位置づけでしかなかった。「攘夷」でなければ「開国」しかなかった日本人とは、そこが異なるわけである。

北京陥落

もっとも、「攘夷」にせよ「撫夷」にせよ、相手を「夷」とみなす基本的な認識と立場は、まったく同一である。だから容易に入れ替わり、切り替えることも可能だった。

当局は戦争・講和の当事者だったから、「撫夷」にならざるをえなかったものの、民間・住民もそうだったとはかぎらない。アヘン戦争開戦の場になり、イギリスの攻撃を直接うけた広州では、反英感情が高まってくる。とりわけイギリス人が条約の規定をタテに、広州城内に入ろうとしたため、華夷意識の強い在地エリート層の郷紳を中心に、激しい排外運動が起こった。「攘夷」は講和の後も、なおつづいたのである。

しかもその「攘夷」を、「撫夷」にあたる清朝の当局者が利用した。民間の動きを口実に、いっそう「外夷の操縦」にはげむようになったから、イギリスとの対立は容易にやまず、いよいよ劇化したのである。

もちろんイギリスは、おもしろくない。戦争の勝利で得たはずのものは、いつの間にか次々と元の木阿弥になってしまった。業を煮やしていたイギリス当局者に、ようやく機会が訪れる。条約締結から数えて、およそ十年あまり後のことだった。

南京条約で大きく変わったことといえば、香港《ホンコン》の割譲である。外国人の居留地としては、つとに大航海時代からできあがったマカオがあったけれども、さらに拠点が増えた。そのために珠江《しゅこう》を行き来する小型の汽船が、いっそうおびただしくなり、その管理取締なども、複雑な問題を抱えることになった。それでなくとも、アヘンの密輸で治安がよくなかったところである。

一八五六年、広州の清朝当局が香港籍のアロー号という船を臨検し、英国旗をひきおろした。イギリスはそれを口実にして武力行使にふみきる。広西で宣教師を殺害されたフランスと共同出兵し、広州を占領したうえで北上、首都北京に近い天津《てんしん》に迫る。アロー号をきっかけに起こったのでアロー戦争といい、あるいはアヘン戦争の再現という意味で、第二次アヘン戦争とも呼ぶ。

天津まで来られると狼狽して態度をあらためる、というのがアヘン戦争以来、清朝北京政府の行動パターンである。清朝側もそこでようやく和平交渉に応じ、英仏米露の要求を呑んで、一八五八年にそれぞれと天津条約を締結した。

しかし清朝政府の姿勢・認識そのものが、かわったわけではない。あわよくば、強要された条約を反故にしようともくろんでもいた。そのため批准交換のさいに軍事的な衝突が起こると、たちまち和平が破れ、戦闘が再開する。

一八六〇年、あらためて組織された英仏連合軍は、今度は天津から上陸して進撃し、北京に侵入し、これを占領した。郊外にある清朝の離宮、乾隆帝が贅をこらした円明園を掠奪、破壊したのも、このときである。かつてイギリスの使節に叩頭《こうとう》の礼をもとめた清朝の威信は、地に堕ちた、といってもよい。

しかし清朝の威信というなら、この英仏軍の北京侵攻以上に重大な事態が、先んじて進行していた。未曾有の規模の内乱である。それに比すれば、列強との交戦・交渉など、あくまで二の次だった。

多難な治世のすえ、道光帝が北京で崩御したのは一八五〇年二月末。後を嗣いだのは息子の咸豊帝《かんぽうてい》である。まだ数えで、二十歳になったばかり。清朝の独裁君主として指導力を発揮するには、たしかに幼弱に失し、いっそう厳しさをます難局に臨むには、経験・才幹・体力とも、とても十分とはいえない。しかしそうはいっても、頑健で才略すぐれた君主だったなら、はたして目前の局面が、現実にたどった歴史と大きく異なっていただろうか。そこまでは、保証しかねる。

新帝の即位と同じころ、広西省《カンシー》の山間部、桂平県《けいへいけん》金田村《きんでんそん》で容易ならざる動きがおこっていた。いな、この時期は誰も、重大だとは思っていなかっただろう。このあたりには、広東省の客家《ハッカ》が多かった。客家とは言語・風俗・習慣の異なる新来移民のことで、かれらはそこで、キリスト教をもとにした新興宗教・上帝教《じょうていきょう》を崇拝し、教団を組織していた。教祖は洪秀全《こうしゅうぜん》という人物である。

官憲からみれば、要するに白蓮教とかわらぬ移民の邪教の一つにすぎず、もちろん禁圧の対象だった。教団も対抗して武装し、しだいに反権力的な色彩を強めてゆく。やがて純粋な信仰のみならず、自分たちの「天国」を地上に建設しようという動きをはじめ、ついに清朝を打倒して「太平天国《たいへいてんごく》」を建てると宣言し、武装蜂起にふみきった。一八五一年はじめのことである。

その太平天国は、清朝の存在を否定しているので、もちろん辮髪はしなかった。そこで体制側からは、「長髪賊《ちょうはつぞく》」とか「髪匪《はつひ》」などと呼ばれた。あるいは首謀者が広東人中心だったので、広東の別称をとって「粤匪《えつひ》」ともいう。

かれらははじめ、一万人程度の規模だった。広西省の山あいから北上し、湖南省から湖北省に入り、一年かけて長江に達する。そのころには、実に兵五十万の大勢力になっていた。その間、手痛い敗北も喫したこともあって、軍事的に必ずしも成功していたわけではない。にもかかわらず、これほどの大勢力に膨れあがったのである。

太平天国はこうして、長江中流の要衝・武漢《ぶかん》を陥れた。ついで一八五三年のはじめに武漢を捨て、全軍で長江をくだり、破竹の勢いで進撃する。同年三月に南京を占領、ここを本拠と定めて、名称を「天京《てんけい》」と改めた。このとき攻め入った太平軍の数は、二百万にのぼったと伝えられる。長江の中下流域という漢人が最も多く住む経済・文化の心臓部に、清朝の存在をみとめない一大敵対政権が出現した。

天京に腰をすえた太平天国は、さらに軍事活動を拡大する。まず北京へ向けて北伐軍を出した。あくまで清朝打倒をめざし、実行したのが、やはり太平天国の真骨頂であり、ほかの反乱とは截然《せつぜん》と異なったところである。また実効支配の領域をひろげるべく、長江をさかのぼって、湖北へ西征軍を派遣した。

北伐軍は二年の間、華北を転戦したのち、一八五五年、天津附近で撃破された。清朝にとっては、北京への直接攻撃という切迫した重大な脅威はなくなったものの、長江流域ではふたたび、太平軍の攻撃で武漢が陥落するなど、敵対勢力は容易に衰えない。やがて英仏連合軍との戦争も加わるのだから、動乱と危機はずっと続いたのである。

3 「中興」

一八五〇年代とは

太平天国はたしかに、清朝の存亡に関わる一大反乱ではあった。しかしその個別の人物や戦闘を逐一追ってゆくだけでは、あまりわかりやすいとは思えない。太平天国をまるごと同時代全体の現象の一部としてみるのが、むしろ生産的である。

太平天国がもともと移民による邪教の武装教団であった。そうした基本的な性格では、かつての白蓮教とさほど変わらない存在である。そしてその種の武装結社は、華北・華中・華南のいたるところにあった。

とりわけ注目に値するのは、湖南省である。そこはアヘン戦争以前、西洋貿易の中心地・広州と内地とをむすぶ幹線的な商業ルートだった。ところが、南京条約で新たに開港した上海が、広州の貿易シェアを奪うようになってくる。必然的にこの湖南ルートの繁栄はにわかに消滅し、厖大な数の失業者・社会的落伍者が出た。天地会《てんちかい》・三合会《さんごうかい》など、アヘンの密売で成長した秘密結社の活動も、そんな社会不安に乗じ、あらためて活潑になる。そのただなかに、太平天国が飛びこんできた。

太平天国は興った当初、さほど強力な軍事力ではなかった。大きな都市とりわけ清朝の主力軍・八旗が駐屯する要所は、まったく抜くことができなかったのである。ところが長江筋に出ると、すでに強大な勢力になっていて、南京・鎮江《ちんこう》・杭州・福州《ふくしゅう》などの八旗が駐留する大都市をあいついで陥落させた。ここからも、その間にあった湖南での活動が、いかに重要かがわかる。

既成の秩序で立身出世を望めず、社会・体制に背を向けた落伍者や、対立紛争に明け暮れるローカルな秘密結社にとって、新たな飛躍のチャンスである。湖南のそうした不逞分子は、大半が太平天国に合流した。太平天国とは華南・華中の反権力的な勢力を糾合した存在だったのである。

そう考えてみると、南方・太平天国にとどまらない。同じころ、淮水《わいすい》流域におこってその南北、さらに北方にまでひろがった別系統の反乱軍も、勢いを強めていた。捻軍《ねんぐん》である。こちらは太平天国ほど、統一のとれた軍事勢力ではなかった。けれどもそれは弱体であることを意味しない。むしろ北京に近いだけに、清朝にとってはいっそうの脅威だったともいえる。西方は陝西・甘粛《かんしゅく》一帯、あるいは雲南であいついで発生した回民《ムスリム》の反乱が、とりわけ大規模だった。

当時はこのように各地で、暴動・反乱が連鎖的・同時多発的に継起している。決して偶然ではない。個々の反乱軍はそれぞれ、出自・系統・性格こそ異にするものの、潜在する根柢には、共通した情況があったからである。

それは一八世紀の繁栄を享受した漢人社会で生じた人口の急増と流動化、そのなかで生じた矛盾のエネルギーの蓄積であった。一八五〇年代の動乱は、それが抑えきれなくなって、爆発した現象なのである。

曾国藩

では、これほど広汎な内乱は、いったいどのようにして平定されたのか。そして、それがいかなる結果をもたらしたのか。個別具体的な戦闘の顛末・人物の事蹟を細かく知るよりも、その大づかみな構図を把握することこそ、東アジア史の包括的な理解に重要だろう。

武装した結社・集団というだけなら、反乱をおこした勢力にとどまらない。半世紀前の白蓮教徒の反乱で、すでに先例がある。その当時、現地の官僚・有力者は、在地の自警団・団練を組織して、これを有効な軍事力として利用した。未曾有の内乱に直面したこのたびも、それに倣わない手はない。

一八世紀までの漢人社会で、常備軍のほかに武装していたのは、反権力的反政府的な秘密結社だけだった。ところが一九世紀以降は、秘密結社だけではない。民間はこぞって軍事化した。極端にいえば、戦場になった地域では、その地元住民どうしが武力衝突して、殺し合う様相を呈したのである。

さて内乱の一八五〇年代、各地におびただしい団練ができるなか、焦点になったのは、太平天国に大きな力を提供した湖南省である。北京政府の礼部侍郎《れいぶじろう》だった曾国藩《そうこくはん》が、母親の喪に服するため、そこに帰郷していた。礼部侍郎といえば、さしづめ文科省次官といったところだが、曾国藩はそんな高官という以上に、学者・文章家として当代屈指の知識人である。そのかれに北京政府から、郷里の湖南で団練を組織統率するよう命が下った。

曾国藩（近藤秀樹『曾国藩』人物往来社、1966年より）

曾国藩は逡巡《しゅんじゅん》した。自信がなかったのであろう。目前の団練組織が未経験だったこともあるけれども、先々のことを考えれば、おそらくそれだけではない。

郷土を守るだけならまだしも、太平天国は急速に強大化し、清朝に取って代わることを公言し、北京をもうかがおうとしていた。とても旧来の団練だけで対抗できる相手ではない。ほんとうに太平天国を打倒するなら、郷里防衛の士気を保ちながらも、相応の規模をもって転戦できる軍隊組織が必要だった。

さんざん迷ったあげく、曾国藩は命にしたがう決意をする。それからの行動がすさまじかった。

湘軍

はじめに着手したのが、審案局《しんあんきょく》の設置である。「案」とは事件の意味だから、捜査本部くらいの意味になるものの、曾国藩がその審案局でやったことといえば、ひたすら敵対者・嫌疑者の捕縛と処刑だった。そのため人はかれを首切り役人と呼び、自分でも殺人が仕事だと言い切っている。文人学者のかれが、なぜそんなことを、そこまで徹底して、やらなければならなかったのであろうか。

当時の湖南は、秘密結社の巣窟である。太平天国が去ったあとも、順逆向背の区別がつかない武装勢力が、大小こもごもウヨウヨしていた。敵対する勢力を味方と峻別し、圧伏して自らに従わせなければ、いかに武装組織をつくったところで、成果は望めない。短時日にそれをなしとげるには、非常手段に出るほかなかった。情勢はそれほどに切迫していたのであり、曾国藩も決意した以上、中途半端ではすまされない。もはや後戻りするつもりはなかっただろう。

かれはそんな殺戮を終えた上で、おもむろに軍隊の組織にとりかかった。同郷人を中心に自分の友人・門人などを集めて、かれらを部下の将校とし、小規模な団練部隊をそれぞれ統率させた。みな学者仲間、軍事・戦争にはおおむねズブの素人である。自身の私的・個人的な人間関係を、そのまま軍事指揮系統におきかえただけなのだが、しかしそれは当時、漢人のいかなる公的な軍隊・組織よりも、鞏固な結束の紐帯であった。それだけに政治的な立場、思想信条の一致は重要である。

太平天国は上帝教という「邪教」を結集の核とし、「滅満興漢《めつまんこうかん》」のイデオロギーで権力に挑んだ。曾国藩の軍隊はそれに対し、体制教学の儒教で対抗する。太平天国の勃興を「名教の奇変」、中華「開闢《かいびゃく》」以来の危機だとして、各地の有力者に提携協力をよびかけた。儒教イデオロギーを前面に出して、清朝政権に与する勢力を結集しようとしたわけである。

各地に散在し、個々バラバラに動いていた数々の団練が、これでまとまって、未曾有の規模の軍隊となった。これを湘勇《しょうゆう》、あるいは湘軍《しょうぐん》という。湘とは湖南省の別称であり、勇は義勇軍の意、以後十年以上、太平天国と死闘をくりひろげた。

内乱の本質

太平天国は一八六四年、天京の陥落をもって滅亡した。その立役者はもちろん、曾国藩と湘軍である。湖南から長江筋に出て、しばしば敗北を喫しながらも、武漢・九江《きゅうこう》・安慶《あんけい》と少しづつ下流に軍をすすめ、ついに勝利した。存亡の危機から清朝を救ったのであるから、かれが清朝第一の名臣と称せられるのも無理はない。

しかしこのようにみてくると、太平天国も湘軍も、本質はさほどかわらないものだったことがわかる。いずれも湖南を中心に、有力な武装団体を結集してできあがった軍事勢力にほかならない。反乱勢力もそれを鎮圧した側も、同じ地域社会に根ざした組織で、同一の母胎から生まれたものである。体制に反撥したか、あるいは清朝政権の側についたか、で異なっていただけ、極論すれば、湖南人の武装団体どうしが戦い、殺し合った、といえなくもない。

だとすれば、太平天国と湘軍にとどまらない。両者の間にあって、旗幟を鮮明にしない、あるいは向背さだまらぬ勢力も、いたるところに伏在していた。「義勇軍を増やせば増やすほど、匪賊《ひぞく》を減らせる」とは、当局者の漏らした言である。敵をいかにして味方にとりこむか、というのが、当時の情勢からする双方の課題だった。

捻軍や回民の反乱はなお続いたから、内乱が終息するのはいっそう時日を費やし、一八六〇年代の末まで、前後二十年かかっている。もちろんその間に、おびただしい人が犠牲になった。正確な数字は望みえないものの、数千万人の規模といわれる。

太平天国はじめ、内乱を構成した反体制的な武装勢力を、あらためて清朝政権の側にしたがわせるのに、それだけの時間と人命を要したわけである。これほど甚大な内乱でありながら、その結末は武装勢力が、おおむね体制側になびいた、というにすぎない。

たとえば、反乱を鎮圧した側が、その温床をなす社会構造を解体してつくりかえる、などの藝当はとてもできなかったし、そのつもりもなかった。そんなことをすれば、敵ばかりではなく、自らの母胎をも否定、破壊してしまう。

したがってこの内乱、あるいはその平定は、何らドラスティックな変革をひきおこさなかった。既存の社会構造をこわさないまま、治安の回復・維持をはかるものだったからである。

そうした意味でも、この動乱でくりかえされた殺戮は、政治・経済の許容量《キャパシティ》を超過した人口動向の調整だったといってよい。調整という表現は、冷酷に失して、あるいは適切でないだろう。けれども許容範囲の人口規模に落ち着いたために、社会矛盾の摩擦も、それなりに緩和してきた、と解することは可能である。

もっともその許容範囲、一九世紀中国の人口はおおよそ四億五千万といったところなので、前世紀の一億ないし三億に比べれば、はるかに大きい。やはり雍正時代のようにはいかないし、嘉慶・道光の体制でも、不可だということである。

それでもひとまず落ち着いたのなら、許容量そのものも、以前からは増したことを意味する。それなら、どのように容量を増やすことができたのか、また単に増えただけですんだのか、そのあたりも知っておかねばならない。

釐金《りきん》と義勇軍

漢人社会は前世紀の繁栄で急速に膨脹したために、内包した矛盾のエネルギーもまた大きかった。その制御が効かず、おびただしい秘密結社・武装勢力が生まれ、一八五〇年代にいたって、太平天国をはじめとする清朝に敵対する反乱と、湘軍など清朝に荷担する団練・義勇軍とに統合整理され、最後に後者が前者を圧倒する。

その義勇軍は、正規の常備軍ではない。正規軍なら通常の財政措置で活動するけれども、後付けのボランティアだから、別途特別な財源が必要である。けれども政府に手当できる収入はなかったから、当事者が自力で必要な軍資金を現地調達することにならざるをえない。曾国藩たちは総督・巡撫《じゅんぶ》に任ぜられ、管轄する各省の内乱鎮圧・治安維持にあたったものの、指揮する義勇軍を養うことが、第一の課題だった。

そこでかれらが利用したのは、たとえば釐金《りきん》である。とくに商人から募った寄付金のことで、まもなく強制的なとりたてとなった。それまで当局の認可をえず、非合法となっていた商業活動は少なくない。禁制品のアヘンの密売買は、いうまでもないだろう。それにくわえ、専売品の塩はもちろん、一般の商品でも、課税徴税の便のため、認可した商人しかあつかえないきまりだった。それ以外の商人が取引すれば、非法行為になったので、そうした商業活動は、秘密結社の維持運営と結びつくのが通例である。

一九世紀に入ると、このきまりが秘密結社の増殖で、有効に機能しなくなっていた。塩の闇取引やアヘンの密輸がはびこったのも、そのためである。そこで道光年間に、陶澍が淮北地方の塩税納入を専売業者にかぎらず、ひろく民間に委託することで、一定の成果をあげた。釐金は義勇軍維持のため、この方法をあらゆる商業活動に拡大したものである。

一般の商品はもちろん、専売品の塩や禁制品のアヘンも例外ではなかったから、義勇軍側が秘密結社・武装団体の軍事力をとりこもうとした動きと対をなす。非合法な商人・取引を把握して、軍事的政治的な保護を加える代わりに、軍費を拠出させる、という方法だった。

秘密結社・反乱軍の温床をなす資金源を義勇軍・清朝側が抱き込むことによって、反乱勢力の人員も財源も切り崩すことができる。釐金のもうひとつの効用であり、そもそも義勇軍と反乱軍が同根であればこその現象だった。

督撫重権

こうして軍事権でも財政権でも、曾国藩ら義勇軍をひきいる総督・巡撫の裁量は、格段に強まった。雍正時代に得ていた一定の人事権も、このとき拡大して、縦横に活用できたので、総督・巡撫の権限・地位は、かつてないほど重くなってゆく。こうした現象をひとまず「督撫重《とくぶじゅう》権《けん》」とよんでおこう。

清朝が前代明朝治下の漢人を統治するにあたって、実地の行政は多かれ少なかれ、総督・巡撫に一任していた。そうした地方大官を英邁な清朝皇帝が、北京から頤使《いし》統御することで、明朝以前からの独裁君主制を維持したのである。雍正帝の独裁政治は、その典型だった。

しかし一八世紀の社会膨脹で叢生増殖し、一九世紀に結集して動乱をひきおこした武装団体は、その当初には存在せず、政府権力も想定していなかったものなので、対処できる手段・装置がそなわっていない。必然的に統治のコストが増えざるをえなかったのであり、嘉慶帝・道光帝はその肥大化に苦しみぬいた。しかも次の代には、大乱と化して、否応なく何らかの解決をはからねばならない情勢に立ち至ったのである。

内乱に対処するには、実地の即応が求められる。管轄する総督・巡撫が騒擾を鎮定し、治安を維持してゆくには、どうしても個別に自らの裁量で、軍事力とその維持に必要な収入とを掌握すべく、新しい施策を打ち出さなくてはならない。湘軍などの新軍隊・釐金などの新財源は、いずれも管轄地をあらためて確実に治め、社会秩序を維持するために生みだされたもので、増大した統治のコストをまかなう役割をになった。

督撫重権はしたがって、以前と異質な地方割拠では必ずしもない。従来にまして、地方大官の裁量・発言権が大きくなったのは事実である。しかしそれは、清朝政権・漢人社会が相互に規定する構造に根ざした動きであり、かつ一八世紀後半以来の変動に対応し、安定を模索して行きついた帰結だった。質的な転換とまではいえない。

中央集権の近代国家をスタンダードとみなす視座からすれば、督撫重権はそれに逆行する趨勢で、地方割拠・「軍閥」化とみえてしまう。しかし当時としては、それなりに合理的な動きなのであって、そこをみのがしてはならない。しかもそんな地方の督撫重権に見合う動きが、北京でも起こっていたとあっては、なおさらであろう。

北京のクーデタ

アロー戦争にて一八六〇年、英仏連合軍が北京に侵攻すると、咸豊帝は紫禁城を退去し、長城を越えて熱河の離宮にのがれた。北京に残留し、後事を託されたのは、皇弟恭親王奕訢《イキン》である。かれは圧倒に優勢な列強との交渉にあたり、その要求をほぼ受け容れる形でどうにか講和をとりまとめた。

そこできまった天津条約・北京協定は、賠償金の支払い・開港場の増加・内地旅行権・キリスト教の布教権・アヘン貿易の合法化・税率の引き下げを定めた、いっそう列強に有利な条約である。しかし最も対立していたのは、常駐公使の北京駐在という条件だった。西洋列強からみれば、国際関係の履行を強要するものであり、清朝からみれば、異形の「外夷」が「中華」の中心に居座ることである。後者はもとより、たえがたい、とずっと難色を示してきたのが、ついに譲歩するにいたった。

かくて清朝は否応なく、「外夷」の西洋列強と正面から向き合い、恒常的に交際しなくてはならない。恭親王は自ら、以後のそうした西洋諸国との応対、交渉にあたることにし、そのための機関として、総理衙門《そうりがもん》を設置した。外国人からは、外務省とみなされたものである。

時に一八六一年のはじめ、変事はまもなくおこった。離宮に滞在していた咸豊帝が崩じたのである。まだ三十歳そこそこだった。このような夭逝は、清朝では順治帝以来のことで、そこでお定まりのパターンは、側近皇族の権力掌握である。

熱河の朝廷では、権臣たちが数え六歳の咸豊帝の遺児を帝位に即け、北京に帰還することになった。しかしその動きを苦々しく見つめていたのが、新帝の生母、西太后《せいたいごう》である。彼女は北京に残留していた恭親王と謀り、主導権を握った先帝側近の権臣を粛清して、新たな政権を発足させた。辛酉政変《しんゆうせいへん》というクーデタである。

垂簾聴政

幼君に代わって大権をになったのは、母后の西太后であった。これは歴代王朝にも例があって、女性が顔をさらさず、御簾をおろして百官に対するので、「垂簾聴政《すいれんちょうせい》」という。臣下の筆頭として政務にあたるのは皇叔恭親王で、かれは議政王《ぎせいおう》と称せられた。

翌年、元号も「同治《どうち》」と改められた。ともに治める、の意味であって、もちろん西太后・恭親王の存在を指す。独裁の否定として、これほど象徴的な名称もあるまい。千年近くの伝統をもち、つい十年前まではあたりまえだった皇帝独裁は、こうして清朝・中国の統治の歴史から、永久に消え去った。

弱体な咸豊帝をもって、百官を頤使する英主・名君の時代は、終わりを告げていた。その後を嗣いだ同治・光緒《こうちょ》・宣統《せんとう》の三帝はいずれも幼君、さもなくば実権のない存在である。その資質や能力は、もはや独裁制にみあうものではない。

西太后（1903年）

こうなったのは、もちろん皇位継承の問題であって、清室の後継者に幼君しかいなかったことに起因する。しかし統治機構の問題として考えると、時勢にかなう展開でもあった。皇帝が成人であれば、否応なく旧来の独裁につとめねばならず、けっきょく増大した統治コストにたえられない。そこで一身に集中する権威・権力・権限を分散分担し、責務・コストの軽減をはかったわけである。

けれどもこれでは、権力と責任の所在が

判然としないから、中央政府は主導権をとりにくい。西太后はいかに権勢欲が強かったにしても、それはあくまで宮廷にかぎった範囲である。実地の政治に指導力をふるう意欲も能力もなかった。しかも皇帝の爪牙《そうが》をなす八旗の軍事力が、内憂外患で打撃をうけている。北京朝廷の統制力は弱まり、象徴的な君臨という色彩が濃くなった。

時あたかも地方現地では、督撫重権が確立しつつある。もはや北京はそこに、微弱な統制しか及ぼせない。奇しくも及ぼさなかったことで、実地の事情に通じた各省の督撫に、手腕を存分にふるわせる結果を導いた。むしろ自らの力を弱めることで、清朝は漢人に対する君臨の延命をはかったともいえる。

同治年間は「中興」の時代とよばれた。漢人からみて、存亡の危機をのりこえた清朝の復活というわけである。それを制度的に保証したのが、権力の行使と責任の所在を曖昧にした垂簾聴政であった。地方の督撫重権と北京の垂簾聴政が嚙み合って、清朝の漢人統治は内憂外患をおさえ、新たな時代を迎える。

第六章　清末

1　漢人統治の変貌

李鴻章の登場

天京（南京）を陥れ、太平天国を滅ぼしたのは湘軍である。しかし率いる曾国藩は、早くからその頽廃に頭を悩ませていた。

湘軍も挙兵当初のころは、知人と同郷人ばかり、士気も高く信頼できる軍隊だった。ところが時が経つにつれ、寝返った敵軍、あるいは各地で傍観する武装勢力を吸収し、夾雑物《きょうざつぶつ》が増してゆく。規模こそ大きくなったものの、軍紀も乱れ、満足に統制もとれないありさまになっていた。

ひどく劣化して、いわゆる「暮気《ぼき》」ぬぐいがたい湘軍では、とても将来を託せないとみた曾国藩は、太平天国の滅亡を機に、思い切ってそのほとんどを解体してしまう。だからといって、治安維持の必要は減じない。湘軍に代わってその役割をはたしうる存在が必要である。幸いそれは存在していた。というよりその存在こそ、曾国藩に安んじて湘軍解体にふみきらせたものである。

曾国藩は清朝史上屈指の武勲をたてたものの、そもそもが文人学者、身体もそんな武功に似つかぬ蒲柳《ほりゅう》の質である。自分が長命ではありえないことも、予想覚悟していたかもしれない。太平天国戦争も後半期、一八六一年の末、自分の高弟・李鴻章《りこうしょう》に別働軍の組織と指揮を命じたのは、もちろん戦況・情勢に迫られたものではありながら、自軍の頽廃・自身の健康が、まったく動機に含まれていなかったとは思えない。

李鴻章は一八四七年、二十四歳で科挙にパスした俊秀である。父が科挙合格の同期だった関係で、曾国藩に師事した。曾国藩が湖南で団練組織を命ぜられたのとほぼ同じ時期、かれも朝廷の命で、故郷の安徽《あんき》省合肥《ごうひ》にもどり、団練を率いて戦うことになる。しかし一八五八年に大敗して、一家もろとも曾国藩のところに身を寄せ、以後は旧師の部下・湘軍の部将として行動していた。

一八六〇年、太平天国は東進して江南デルタを席巻、中心地の蘇州を陥れ、あますところは開港場の上海《シャンハイ》のみとなった。曾国藩はそこを救援するため、李鴻

李鴻章（Jonathan D. Spence, *The Search for Modern China,* New York and London, 1990より）

章を抜擢し、湘軍とは別に軍隊を作らせることにした。かくてできたのが、淮軍《わいぐん》である。「淮」は淮河、その流域の安徽省のことをさす。李鴻章は故郷の合肥周辺で、湘軍にならい、既存の武装集団を引き抜き、組織的な軍隊にしたてあげたのである。この淮軍結成と上海救援が、かれの一大飛躍となった。

李鴻章が一八六二年のはじめに淮軍を進駐させた上海は、当時すでに中国第一の貿易港に成長しており、西洋列強の利害も大きい。しかも周辺の江南デルタは、明代以来、中国で最も富裕な経済の心臓部、あがってくる収入も莫大である。またこの時期あたりから、貿易も拡大し収支も黒字に転じて、景気も好転しつつあった。上海はまさしく、その先頭の位置を占めていたのである。

そんな上海を李鴻章は外国の当局とも協力して、太平天国の侵攻から死守し、江南デルタに転戦して蘇州を回復、富庶《ふしょ》の地を掌握した。西洋諸国との親密な関係と経済上の隔絶した優位。湘軍が有さなかった、李鴻章独自の財産である。

淮軍の勇名を馳せたのは、太平天国滅亡後も北京を脅かした捻軍の平定である。淮軍の結成された安徽省は、捻軍のさかんな地であり、そこの武装団体から捻軍も淮軍もできあがっていた。いわば、同じ地域社会から生まれた双生児である。湖南省の双生児の湘軍と太平軍が戦って、前者が勝ち残った事実経過を、あたかもくりかえすかのように、淮軍も一八六八年、捻軍を制圧した。曾国藩が自分と湘軍の任務を、李鴻章と淮軍に委ねたのも、当然のなりゆきだったのかもしれない。

天津教案

同治の「中興《ちゅうこう》」とは、一八五〇年代に続発し、清朝の存在そのものを脅かした内乱の終結を意味する。一八六〇年代がちょうどその過程に相当し、条約を結んだ列強との関係も平穏だったので、漢人を治める清朝の立場からすれば、内外の形勢がいわば好転、安定した明るい時代だった。けれどもそうした雰囲気は、長く続かない。

代表的な事例は、教案《きょうあん》である。教案とはキリスト教に対する襲撃・迫害事件のことを指す。キリスト教の布教・信教の自由を正式に認めた天津条約を機に、宣教師が堂々と中国内地に入るようになった。これに反感をいだいたのが、郷紳たち漢人在地の有力者である。儒教イデオロギーを信奉し、地域社会を掌握するかれらは、男女平等などキリスト教の考え方を嫌ったほか、改宗した庶民がクリスチャン・コミュニティに帰属して外国人の庇護下に入り、自分たちの影響下から離脱してしまうことに反撥した。

そこでかれらは、たとえば教会の懺悔《ざんげ》は婦人を誘惑する風習だ、孤児院では子供の目玉をくりぬいて薬にし、身体は食べてしまう、などとデマを流し、人々の排外感情を煽《あお》り立て、破壊行動にいざなった。かくて教案の発生が増え、治安悪化の最も大きな要因をなす。一九〇〇年まで、外交上の紛争案件になったものだけで、およそ四百件を数えた。その初期の大事件が、一八七〇年の天津教案である。「中興」というおめでたい時代認識は、これでふっとんだ。

この年、天津に疫病が流行し、フランスの教会に附属した孤児院でも、多くの子供が死んだことから疑惑は深まり、群衆が騒ぎたてた。教会に隣り合った領事館に駐在するフランス領事が、騒ぎに介入して発砲したため、激昂した群衆に殺害され、教会・修道院・孤児院も襲撃、掠奪をうけ、数十名の犠牲者が出る。うち外国人は二十数名を数えた。

一般の外国人はおろか、外交官まで殺害されたことから、この事件は重大な外交問題に発展する。列国は共同して総理衙門に圧力をかけ、天津と山東半島の開港場・煙台とにフランスはもとより、英・米・伊の軍艦、計十五隻が集結する。対外戦争すら起こりかねず、そうなっては、またぞろ十年前、北京占領の再現になるやもしれない。

師弟交代

天津をおさめる地方大官は、督撫のうち最も格の高い直隷総督、このとき任にあったのは、督撫重権を草創した曾国藩である。還暦のかれは折しも病床にあったけれど、是非もない。遺言をしたためて事件解決にあたり、何とかフランス側と妥結に達する。

しかしその折衝は、苦悶をきわめた。「攘夷」観念から外国人を襲撃した犯人たちに同情的な輿論と、圧倒的な軍事力に恃《たの》んで脅迫する列強との板挟みに遭ったからである。

その曾国藩を側面からサポートしたのが、淮軍を率いて天津にかけつけた李鴻章である。これはもとより、外国側の軍事的な圧力に対抗するためだが、それ以上に対内的に睨みをきかせて、交渉を円滑にすすめる効果があった。

事件処理を終えた曾国藩には、余力はおろか余生も残っていなかった。その後一年半たらずで逝去する。その直隷総督のポストは李鴻章がひきつぎ、まもなくかれは対外折衝を担当する北洋大臣にも任ぜられた。弟子は軍隊も職位も、そして声望も旧師から受け継いで、「中興」した清朝の存立を支えることになる。

そんな李鴻章にとって、天津教案の教訓は貴重だった。対外交渉では直接の相手にもまして、むしろ対内的な配慮と実力がなくてはならぬことを学んだからである。外からの圧力のみならず、内からの反対・暴発をおさえるためにも、武力の裏づけが欠かせない。治安の維持をはかり、有事ならしめないようにするには、内外の矛盾を顕在化させないことが、何よりも重要である。

かくて曾国藩に代わって督撫重権を代表した李鴻章は、軍の司令官・地方の行政官にとどまらず、外政の相当部分を担う政治家にならねばならない。かれが以後、四半世紀ものあいだ、直隷総督・北洋大臣のポストにあって、清末の軍事・外政の中枢をしめつづけたのは、その転身におおむね成功したことを意味する。

洋務の推進

李鴻章は北京の外港にあたる天津を本拠に、淮軍もろとも蟠踞《ばんきょ》し、富裕な江南デルタをもあわせ掌握して、沿海地方の治安維持にあたった。そこは清朝の版図のなかで、最も人口の稠密な先進地域である。したがってその淮軍は、かれが自前で養う義勇軍にひとしいとはいえ、以後も清朝第一の精鋭部隊として存続し、さながら事実上の国防軍的な地位をしめた。

李鴻章はもともと、科挙出身のエリート官僚である。しかし二十年近く戦場にあって、辛酸を嘗《な》めてきた。人々の生死に直結する軍事では、現実を直視し、清濁あわせ飲むリアリストでなければ成功しない。かれは終生その感覚を失わなかった。

そんな李鴻章にとって何よりも重要なのは、この淮軍を維持し、強化することである。かれは実質的なキャリアを上海進駐でスタートさせた。そこは最大の貿易港で、外国人も多い。外国軍とも共同作戦をおこなった経験もある。そんな李鴻章が西洋近代の兵器を高く評価し、西洋のすぐれた装備・技術を自軍に積極的にとりいれるのも当然、にわかに自らの手の及ぶ範囲で、軍需工業と関連事業を創設、推進した。いわゆる「洋務《ようむ》」の開始であり、さしづめ明治日本の「富国強兵」「殖産興業」にあたる。

もっとも、単純に日本と比較するのは、当を失しているかもしれない。民間では近代企業の経営にみあう十分な資金調達や組織運営ができず、効率の悪い官僚主導を余儀なくされた。そのため、同時代の西洋や日本と比べれば、みるべき成果に乏しかったといわざるをえない。こうした事態はかれの政策方針に問題があったというよりも、むしろ漢人社会の構造に由来している。

それでも、兵器工場をつくって淮軍の武装近代化をはかるところからはじまり、後述するような外患の情況に対応した海軍の建設もおこなった。汽船会社・紡織工場の設置・鉱山の開発や電信・鉄道の敷設など、軍事にとどまらない。列挙すれば、おびただしくある。中国の近代工業がここから始まったこと、そしてそれを主導したのが李鴻章だったことは、やはりまちがいない。

こうした事業を支えるため、好機到来とばかりに、多くの人々が李鴻章のもとに蝟集《いしゅう》した。科挙を受験して任官する、という漢人通例の立身出世コースに乗らないような人材が少なくない。軍人はもとより商人・起業家・技術者、留学組もいれば、外国人もいた。また李鴻章じしんも、督撫の人事裁量権を活用して適材適所、大いにその手腕をふるわせたのである。

天津のかれの役所はその意味で、さながら自立した小政府、プライベート・ビューロクラシーともいうべき様相を呈した。そこから次代をになう人材が輩出する。のち清朝に代わる中華民国の大総統になる袁世凱《えんせいがい》も、そのうちの一人だった。

新たな体制

李鴻章はそれだけに、政敵が多かった。曾国藩により親近の類縁者・関係者がまず、系列・人脈の異なる李鴻章を嫉視、敵視した。遺産を独り占めし、大きな顔をしやがって、といったところだろう。現代でいえば、派閥の勢力争いに近い。

それでもそうした人々は、多かれ少なかれ功業をたて、李鴻章ほどでなくとも、相応の地位にいる。責任もあったから、政策方針の大筋でかれと齟齬《そご》をきたすことは、むしろ少なかった。

いっそう李鴻章を憎んだのは、その政策や事業じたいを嫌った人々である。そちらがむしろ大多数だった。頭から西洋を蔑視、憎悪し、教案を煽動するような郷紳ら「攘夷」論者が、その典型である。おびただしい漢人官僚たちが、そうした在地有力者を兼ね、かつまた背景にしていた。

儒教的な通念でいえば、軍事・武力がそもそも忌むべきものであり、しかも「外夷」の西洋人とつるむなど、汚らわしいもいいところ、「中華」のエリートの風上にも置けない、という非難を浴びせた。それが輿論の一般的な風向きとあっては、李鴻章もその掣肘をうけざるをえない。

そんな李鴻章とかれの事業を庇護したのが、西太后である。自分の目が届く範囲の権勢にしか関心のないこの女性は、それだけに嗅覚が鋭敏だった。まったく方向性はちがってはいたものの、リアリストという側面では、李鴻章と相通ずるものがある。

西太后はかれを活用することが、自らの政権安定・権勢保持に有利だと判断するや、それを徹底した。二十五年間、北京に近い天津から李鴻章を手放さなかったのが、その態度を何より雄辯《ゆうべん》に物語っている。かれと督撫重権はもはや、西太后ひいては清朝政府にとっても、なくてはならない存在だった。

皇帝の代わりをつとめる西太后は、李鴻章の実力と政策をオーソライズすることで、清朝政権にひとまずの安定をもたらしたし、李鴻章はこの北京清朝の権威を借りることで、反対の多い自らの事業を曲がりなりにも実行できた。こうして北京と地方が相互に依存しあうことで、当時の漢人統治の内政・外政が成り立っていたのである。

たとえば、これを百五十年前の雍正帝の奏摺政治と比べてみればよい。北京の皇帝と各省の督撫との相互依存、それぞれの制度的な位置と機能、それ自体は変わっていない。しかし実質的な役割、力関係は大きく異なっている。意思決定の主導権は北京から地方へ、明らかに移りながらも、北京は君臨を保持することで、統治実務を円滑化させた。

督撫重権にせよ垂簾聴政にせよ、体制上の変化をいいあらわしただけにすぎない。それがいかに作動したか、どんな効果をあげるかは、現実にそれを動かす人間と組織の問題である。両者の中心にいたのが李鴻章と西太后、二人の資質はうってつけであり、その関係もバランスが絶妙だった。とすれば、そうした条件が失われるとき、新たな変化も避けられないわけである。

2　西北秩序の転換

不安定な新疆

雍正帝・乾隆帝が誇るまでもなく、清朝の版図は広大である。そこからみわたすなら、ここまで少し東南・漢人の世界にこだわりすぎたかもしれない。思わず偏ってしまったのは、それだけ漢人社会が不穏さ、かつ重大さを増してきた、という意味であるし、非漢人の世界が相対的にみて、ごく平穏だった、という意味でもある。それでも不安定なところは、やはり存在した。新疆である。

新疆の地勢・環境はすでに述べたとおり、大きく南北二つに分けて考えるとよい。漢語であれば、東西に延びる天山山脈を分水嶺として、天山北路・天山南路といい、いずれも草原オアシス地帯である。

北路はジュンガリア、かつてジューンガルの本拠となったイリ渓谷で、当時の漢語でも「準《じゅん》部《ぶ》」と記す。南路はいわゆるカシュガリアで、崑崙《こんろん》山脈以北のタリム盆地、カシュガル・ヤルカンドなどのオアシス都市がつらなり、トルコ系ムスリムの定住民が多い地域であり、「回《かい》部《ぶ》」と称した。ガルダンをはじめ、ジューンガル遊牧国家が一七世紀後半から天山南北両路を支配していたのを、一八世紀の半ばにジューンガルを殲滅《せんめつ》した清朝が、ひきついでいたのである。

清朝はかなり周到な準備をして、その統治にあたった。北のジュンガリアに拠点を置いて、遊牧民在来の統属関係を再編しつつ引き継ぎ、南路・カシュガリアのオアシス定住民には、「ベク」などと称する在地の有力者の自治に委ねている。地元在来の方法を尊重するという点で、漢人・モンゴル人などと原理的には、同じだった。

『五体清文鑑』で最後に加わった「一体」は、新疆のチャガタイ・トルコ語である。それを漢語・モンゴル語といわば同列に置いたのも、清朝の新疆に対する姿勢を象徴的にあらわすものとみてよい。

それでも新疆は、最も遠くに位置し、また最も遅くに帰服した地域である。しかもムスリムという、それまでの儒教やチベット仏教とは、また異なる規範と慣習をもった人々・集団が相手であった。折しも一八世紀の末は、清朝じしんの複眼力、適応力が減退してきたさなかでもある。あいまって、新疆の円滑な統治は、必ずしも長続きしなかった。

垂れこめる暗雲

一九世紀に入ると、清朝が「新疆」を建てたさいに討滅した現地の有力者ホージャ家の後裔が、蜂起をくりかえすようになる。一八二六年にはそのうちの一人、ジハンギールが隣接するコーカンド・ハン国の援助を獲て、カシュガリアの分離をめざし、反乱をおこした。それだけならまだしも、まもなくその規模が拡大したことが、むしろ重大である。

これは現地統治に用いた「ベク制」が、必ずしもうまく機能していなかったことを意味する。そのくわしい内情は、まだ不明な点が多いけれども、統治対象にオアシスの定住民が少なくなかったこともあって、清朝当局は在地有力者をむしろ出先として、統制を強めてゆく傾向があった。モンゴルやチベットほど、現地の自治に任されたわけではない。それだけ支配にまつわる横暴や弊害も、少なくなかったようである。近隣の遊牧民に対しても、移動を妨げたりするなど、統制を強化していたから、現地の人々には束縛、桎梏《しっこく》、搾取と感じられたのかもしれない。

ムスリムなので、どうしても「聖戦《ジハード》」というスローガンが目についてしまう。そんな相手の事情を、当局も十分に理解していたとは思えない。双方の観点からしか、記録・史料は残らないため、後世のわれわれにも、客観的に精確な経緯は、かえって見えづらくなっている。そのあたりの統治と反撥のメカニズムは、いっそうの研究が望まれるところである。

ともかくそうした条件の下にあるだけに、清朝の側には叛乱の鎮定ばかりではなく、その善後処理でも、困難がつきまとった。ジハンギールとの戦いに勝利するにも、三万人の軍を動員するなど、多大な人的・金銭的なコストをかけなくてはならなかったし、その後の新疆をいかに治めてゆくかでも、容易に意見の一致をみなかった。権力による統制をさらに強める方法といっそう在地の自治に委ねる方向、いずれが誰にとってベターなのか、実はいま現在も、確たる答えの出ていない問題なのである。

回乱と左宗棠

ムスリムが暮らしていたのは、新疆だけではない。東に隣接する甘粛・陝西、あるいは南の雲南省にも、多く居住している。漢語を話したかれらは独自のコミュニティを形づくって、「回民《かいみん》」と呼ばれた。太平天国がさかんになって、その勢力がこうした地域に接近したため、民間社会では団練を結成する必要が生じ、武装した集団どうしの衝突・紛争も目立つようになってくる。

とりわけ陝西省では、信仰・習俗を異にする漢人と回民との間に対立が深まった。やがて回民が皆殺しにされるという風評が流れたことから、かれらはついに蜂起した。一八六二年のことである。黄河・長江流域の内乱からはやや遅れているものの、太平天国・捻軍の余波が及んだこともあいまって、陝西は大乱に陥った。回乱《かいらん》という。

もちろん清朝側は、手をこまぬいていたわけではない。まもなく鎮定作戦を開始するものの、回乱はさらに西方の甘粛にまで拡大したため、はかばかしく進捗しなかった。ようやく本格化するのは、一八六〇年代半ば、陝西・甘粛の総督に左宗棠《さそうとう》を起用してからである。

左宗棠は湖南省湘陰《しょういん》県の出身、曾国藩と同郷人といってよい。またその一歳年少だから、ほとんど同輩でもある。文章家で書斎人といった感じの曾国藩に対し、輿地《よち》学者のかれは、フィールド系の知識人というべきだろうか。その識見や行動力では、あるいは左宗棠が曾国藩を凌いでいたかもしれない。それだけに自負心も強く、中興の名臣・曾国藩をライバル視していた。しかし性格は狷介《けんかい》、しかも科挙に合格できず進士になれなかったコンプレックスもあいまって、言動はとかく物議を醸し、官界の主流を占められなかった。

かれにいわせれば、曾国藩や李鴻章は科挙のトップ・エリート、世渡りもうまいので、豊かな沿海地方に赴任できるのに比べ、自分は割に合わない地に回された、と不満だっただろう。内陸の陝西・甘粛は当時も今も、中国屈指の貧しい地方である。

それでもやはり、左宗棠は有能であった。かれは麾下の湖南義勇軍を率い、陝西に攻め入った捻軍を撃退したのち、一八六八年から回乱の鎮圧を本格化させる。まもなく回民の白彦虎《はくげんこ》の軍を破って、陝西の騒乱を平定したのち、甘粛に軍をすすめた。

そこではとりわけ神秘主義教団の指導者・馬化龍《ばかりゅう》の勢力が強く、二年にわたる苦しい戦いになる。一八七一年、包囲攻撃ののちにようやく馬化龍をとらえ処刑した。同年の末には、有力な勢力をほこった河州《かしゅう》（いまの臨夏《りんか》）の馬占鰲《ばせんごう》を帰順させ、一八七三年七月に蘭州《らんしゅう》、九月に粛《しゅく》州《しゅう》を陥れた。こうして甘粛もほぼ全域が、清朝の支配に復する。

左宗棠はフィールドの学者らしく、現地調査を念入りにおこなって、実地に即した対策を講じている。地元の回民と漢人の対立が回乱の根柢にあったため、騒乱を鎮圧したのちは両者を分離し、回民に援助を与えつつ都市の外に移住させて、土地の開墾に当たらせた。地域の実情に応じて騒乱の禍根を断ち、治安維持をはかるのが督撫重権の趣旨であり、左宗棠はそれを忠実に果たしたともいえるだろう。

ヤークーブ・ベグ政権

左宗棠が陝西・甘粛を転戦しているさなか、さらに西方の新疆では、新たな事態が発展していた。

一八六四年、クチャなど新疆のオアシス都市で、統治にあたるベクに反抗する暴動があいついで起こった。古来のシルクロードではあり、今に劣らぬムスリムのネットワークがあったから、武力蜂起はまもなく新疆の全域各地にひろがってゆく。折しも劇化していた陝西・甘粛の騒乱も波及して、大反乱となった。

さらに西方において、時を同じくしてすすんでいたのが、ロシアの中央アジア征服である。ロシアは一八五〇年代より、シル川流域に遠征をくりかえし、一八六七年、タシケントを首府

ヤークーブ・ベグ（Kim, Hodong, *Holy War in China:The Muslim Rebellion and State in Chinese Central Asia, 1864-1877,* Stanford, 2004より）

とするトルキスタン総督府を設け、翌年、サマルカンドを攻略、ブハラ・ハン国を従属させた。隣接するヒヴァ・ハン国、コーカンド・ハン国もやがて征服され、西トルキスタン全域は七〇年代に、ほぼロシアの支配下に入る。

その波紋は新疆にも及んだ。清朝の権力支配が空白になったのに乗じ、天山南路では、西隣のコーカンドの有力者・ヤークーブ・ベグが、カシュガルに入って本拠とし、各地の割拠勢力をあいついで下して、一大独立政権をたてた。

天山北路でも、イリ地方を中心に独立政権ができる。ところがこちらは、まもなく境を接するロシアとの関係が悪化し、一八七一年に、ロシアが軍隊を入れてこれを打倒し、イリを占領した。ウルムチなど、残る天山北路地域には、南方からヤークーブ・ベグ政権が進出した。こうして、イリ地方がロシアの占領下に置かれたばかりか、新疆そのものが清朝からまったく分離する、という事態になる。

時あたかも、英露のグレート・ゲームがはじまろうとしていた。インドを植民地として支配するイギリスと、シベリアから南下して中央アジアを征服したロシア。新疆はその間にはさまれた位置にある。ヤークーブ・ベグ政権はそれを利用して、たくみにたちまわる。一八七二年、北・西に接するロシアと、一八七四年には、南に接するイギリスとそれぞれ通商条約をむすんだ。英露にはそれぞれ直接の衝突をさけたい思惑があったから、その地位に承認を与えたのである。

左宗棠が甘粛の回乱を平定したのが、ちょうどそのころ。かれがさらに西方の新疆に眼を向けたとき、そこにはすでに、独立勢力と国際政治がたちはだかっていた。

イリ危機《クライシス》

左宗棠は余勢を駆って、新疆に討伐の手をのばすことを主張する。ヤークーブ・ベグ政権を承認した英露は、もちろん強く牽制した。清朝政府内にも異論はあったものの、主張を通した左宗棠と麾下の軍勢は、勇躍して遠征に出発する。

作戦は軍事的には、ごく順調にすすんだ。逆にいえば、ヤークーブ・ベグ政権は存外に脆かったのである。左宗棠が一八七七年、天山南路の入口・トルファンを奪取し、同じ年にヤークーブ・ベグが逝去すると、その政権もにわかに瓦解した。左宗棠はまもなく新疆のほぼ全域を制圧し、残すは北路のイリ地方だけとなる。そこはロシア軍が占領していたから、おいそれと手を出すわけにはいかなかった。

清朝とロシアは一七世紀末以来、ネルチンスク条約・キャフタ条約を結んで、境界と貿易をとりきめ、平和的な関係を続けていた。ところが一九世紀の後半に入ると、ロシアはあらためて東方に進出し、アロー戦争当時、内憂外患の清朝から、アムール川流域と沿海州《えんかいしゅう》を割取する（七三頁地図）。清朝もそのため、ロシアを最も警戒すべき外敵とみなすようになった。北京を占領した当のイギリスは、通商が目的、しょせんは金目当てなのでくみしやすい、ロシアは土地蚕食を狙う隣国なので、むしろ恐ろしい、というわけである。

ついでおこったのが、この新疆の大反乱である。ロシアはイリ地方を占領したまま、ヤークーブ・ベグ政権の独立を認めつつ、形勢を観望していた。警戒する左宗棠の新疆遠征が、予想外に早く進展し、大きな軍事勢力が隣接する。露清間で否応なく、緊張が高まらざるをえなかった。

双方ともひとまず交渉を通じて、イリの帰属を平和裏に解決する方向を模索する。清朝は一八七九年、崇厚《チユンホウ》を全権大使としてロシアに派遣し、交渉にあたらせた。

崇厚は満洲人、アロー戦争当時から恭親王のもと、対外折衝をつとめてきた人物である。李鴻章が北洋大臣になる前、天津で列強の応対を担当し、天津教案の後始末では、謝罪使としてフランスに赴いたりもした。このロシア奉使もそうした先例を踏襲したもの、また西北の新疆・ロシアの懸案なので、当然、満洲人官僚が任じる、ということでもあっただろう。

ところが、この崇厚が結んだリヴァディア条約は、イリの返還をとりきめたものの、そのほかは境界地域の割譲やロシアの通商特権を定めた、清朝に著しく不利な内容だった。かれはそれを専断で締結したため、清朝政府は強く反撥する。一説には、早く帰朝したい一心で、内容を顧みず調印したというのだが、真偽はともかく、その能力に疑問符がつくのは否めない。

激怒した北京は、崇厚に処刑を申しわたし、その締結したリヴァディア条約も、承認しようとしなかった。しかし実情と利害はどうあれ、それは国際法の慣例に違うことだったから、ロシアが強く反撥したのも当然である。露清はかくて、一触即発の危機に陥った。

ペテルブルグ条約と新疆建省

それでも清朝側は、あえて干戈に訴えず、まずは和平を望んだ。駐英仏公使の曾紀澤《そうきたく》をペテルブルグに派遣して、再交渉を試みたのである。

曾紀澤は曾国藩の長男で、その爵位をつぎ、「洋務」に明るい官僚として、ロンドン・パリに常駐する使節に任ぜられ、ヨーロッパに滞在していた。かれはそうしたことから、本音では清朝との戦争を望まないロシアの内情に通じていたかもしれない。ロシア外務省当局と硬軟織り交ぜた交渉を、粘り強く続けた。また左宗棠も新疆現地で兵を動かして牽制し、ロシアに圧力をかけている。そこでロシア側も妥協に転じ、一八八一年にペテルブルグ条約の締結を迎えることができた。

この条約は軍費補償の額こそ増えたものの、土地・通商の面でリヴァディア条約をかなり清朝側の有利に改訂したものである。現在の中露西方の国境線も、これにもとづく双方の合意の積み重ねで、確定していった。

このようにみてくると、ペテルブルグ条約の露清和解は、一つの画期をなしている。清朝は当時、北方から版図の蚕食《さんしょく》をくりかえしたロシアを敵視してきた。ロシアの真意が奈辺にあろうと、そのイリ占領に清朝が大きな警戒感・危機感をいだいたのは、当然である。しかしこの条約以後、清朝の新疆支配がゆるがない以上、西北辺境の安全も保たれることになった。国境画定の利点である。ロシアと清朝のあいだでは実際、以後ながく平和な関係がつづいた。

その新疆に対する清朝の支配にも、大きな変化があった。一八八四年に新疆省を新設して、巡撫を置いたのである。これはすでに遠征当時から、左宗棠の提案していた措置だった。「ベク制」などムスリム社会の自治を否定し、漢人居住地域と同様の施政・督撫重権の体制を敷いたものである。在地在来の慣例を真っ向から否定した点で、清朝の統治原則の転換を意味した。

新疆はすでに一九世紀の前半より、反乱に対する鎮圧をくりかえしてきたから、その担い手が新設の巡撫や漢人義勇軍に代わっても、そのこと自体に対する抵抗は大きくはなかった。また治める側にしても、オアシス定住民が多く農耕と商業の社会でもあるので、純然たる遊牧社会に対するよりも、ギャップは小さかったであろう。

だからといって、その史的な意味は決して小さくない。国際法の自覚と適用、統治原則の転換。なお西北・新疆という局所かぎりではありながら、明らかに時代は変わりつつあったのである。

3 「海防」と「属国」

論争

一八七四年、左宗棠が新疆の再征服を提案し、甘粛からさらに西方へ向かおうとしたとき、強い反対の声があがった。矛を収めるべきだという北洋大臣李鴻章の意見である。

かれは乾隆の新疆平定から百数十年、それを維持するために多大なコストを費やしながら、何の利もあげてこなかったと指摘、これ以上の人命・費用をかけて遠征を強行するより、ヤークーブ・ベグ政権の存在を認めて清朝に朝貢させればよい、と主張したのである。

これはヤークーブ・ベグ政権と条約を結んだ英・露と同じ発想、東トルキスタンを緩衝地帯にしようとするねらいである。李鴻章の意見は国際情勢を背景に、なるべく低コストで新疆方面を安定させる方法だった。

左宗棠はいたく反撥する。新疆を失えば、西北の防壁が消滅し、かえって多くの兵力・財力が必要になる、「北京を防衛するには、モンゴルを保全せねばならず、モンゴルを保持するには、新疆を軽んじてはならぬ」と主張した。清朝はモンゴルと一体となって誕生、成長してきたから、北京朝廷もこういわれては、左宗棠の意見を軽々に却けるわけにはいかない。

そうはいっても、新疆遠征がタダでできるわけはない。当初の見積りでも、歳入の一割を優に上回る一千万両もの軍費がかかる。基地となる陝西・甘粛は、決して豊かな地方ではないから、勢い富裕な東南沿海地域に頼らざるをえない。そこは李鴻章の地盤であり、かれは自分の財源を奪われるのを嫌ったのである。

けっきょく新疆遠征の実行で、東南沿海の負担も増した。李鴻章はもとより、不満である。けれどもそれは、かれがケチだったからではない。限りある収入を新疆に浪費するよりは、遠征をとりやめて浮く資金を、もっと重要なところに振り向けよ、というのである。重要な地とは、ほかならぬ沿海地域だった。主要な税収と兵力はそこの防衛、つまり「海防《かいぼう》」へ重点的にまわすべし、というのが李鴻章の主張なのである。

左宗棠の意見は、西北内陸の脅威を重視する点、とくに目新しくはない。そもそも万里の長城ができた秦漢時代以来、ずっといわれてきたことである。「海防」論はそれに対し、外敵が海を越え、迫ってきたという、当時はじめてあらわれた「奇局《ききょく》」に際会した所産である。財政・経済の中心地たる沿海に、軍事・政治の重心をシフトさせようとする、いわば革新的な構想だった。

左宗棠と李鴻章の意見対立は、ともに督撫重権を担う二人の権勢争い、軍事力と財政収入の争奪だったのはまちがいない。しかしより大きな文脈でいえば、清朝は以後、自らいかなる政権・国家となってゆくのか、それを問う論争でもあった。「史上の一大辯論《べんろん》」といわれるゆえんである。

こちたき論争になったのは、折しもその沿海地方に危機が迫っていたからである。日本がひきおこした台湾出兵であった。

日本という外敵

ロシアを第一の外敵とみなした一八六〇年、日本はまだ、清朝当局者の視界に入っていない。しかし六〇年代の後半から急速に、日本に対する警戒感が増大した。幕末維新で富国強兵をすすめつつあったからである。

かつて清朝が入関したころ、日本は江戸幕府、いわゆる「鎖国」の時代にあたり、寧波から商人が長崎に来航して、貿易をおこなうだけの関係となった。その通商が日中双方の経済に与えた影響は、決して小さくない。けれども政府間に、正式な通交は存在しなかった。清朝の用語でいえば、「互市」の関係である。

そもそも日本とは、「倭寇」や秀吉の「朝鮮出兵」という歴史のアナロジーから、清朝にとって自らに危害を及ぼしかねない存在だった。なるべく遠ざけておく配慮も、随時みられたところである。

しかし日本のほうでは、一八五〇年代に開国して以来、多くの華人が渡来居留するようになった。また明治維新で政治体制を一新して、隣国の清朝と正式な国際関係を構築しなくてはならない。そこで一八七〇年、アプローチをしたのが柳原前光《やなぎわらさきみつ》使節団、それを天津で迎えたのが、北洋大臣に就任したばかりの李鴻章だった。

李鴻章は内外軍政の責任者として、以前から日本に着眼していた。富国強兵の日本を潜在的な軍事的脅威だとことさら言い立てたのも、かれである。日本に近い沿海地域を管轄する立場としては、無理もない。それだけ日本を高く評価していたともいえる。

その李鴻章は翌年七一年九月、柳原と交渉して、日清修好条規を結んだ。領事裁判権を認めあうなど、対等の条件である。当時の東アジアで条約といえば、いわゆる不平等があたりまえだったから、きわだってめずらしい。しかし清朝・李鴻章の側のねらいは、別のところにある。

日本はかつて「倭寇」や「朝鮮出兵」など、清朝の沿海地域や北京に近い朝鮮半島に危害を加えたことがあるから、その再現を避けなくてはならない。そこでこの条約を利用して、日本の不可侵を義務づけようとした。日清修好条規第一条に、「両国所属の邦土《ほうど》」は不可侵だと規定する。その対象は「属国」の朝鮮などもふくめた広汎な範囲に及んだ。

台湾出兵から「琉球処分」へ

けれども日本は、その意図を見抜けなかった。それどころか、琉球の漂流民が台湾の土着民に殺害された責任を問う、という名目で、一八七四年には台湾に武力行使を敢行したのである。清朝政府が殺害事件にとりあおうとしなかったため、台湾を「無主の地」と断じた上での行動だった。事態は紛糾して、北京で難渋な交渉がおこなわれる。

李鴻章としては、かねて抱いていた日本に対する警戒が杞憂でなかったばかりか、予防措置だった日清修好条規も、効果がなかったわけである。にわかに沿海の防備を施さねばならなくなった。そのターゲットは、かつて干戈を交えた西洋列強よりも、むしろ日本である。

西洋は強いといっても、なお七万里の外にある。日本はすぐそばでわが虚実をうかがっており、まことに中国永遠の大患なのである。

これは台湾出兵が、清朝側の譲歩でどうにか収拾した直後の上奏文の一節である。

李鴻章からすれば、日本が最も恐ろしい。西洋は条約さえ守れば、おとなしくしている。イギリスは天津条約、ロシアはペテルブルグ条約で、もはや敵対関係にはない。それに対し、日清修好条規が通用しない日本は、政治・経済の中心に近い沿海に脅威をおよぼす第一の外敵となった。

「海防」はその意味で、不可欠である。黄海から東シナ海にわたる沿海、すなわち李鴻章の管轄下で、大規模な北洋海軍を建設することになった。もちろん莫大な経費がかかる。かれが左宗棠の新疆遠征に難色を示したのも、無理はなかった。その仮想敵国は、日本である。

台湾出兵の講和で清朝が譲歩した一つに、琉球の遭難民を「日本国属民」と認めたことがある。琉球の帰属問題が、そもそも台湾出兵の原因であった。日本はこれを機に、以前から手がけていた琉球の内地化を、いっそう推し進める。一八七五年、琉球に清朝への朝貢を停止させ、一八七九年に、首里城《しゆりじよう》を接収して沖縄県を置いた。いわゆる「琉球処分《りゆうきゆうしよぶん》」である。

琉球から朝鮮へ

琉球は一四世紀以来、明朝に朝貢してきた属国である。ところが薩摩藩が一六〇九年、武力侵攻してからは、琉球は日本にも従属して、その支配を受けてきた。しばしば「両属」の関係といわれる。日本側も清朝側も、そこを見て見ぬふりをすることで、ことなきをえていた経緯があった。けれども近代国家・国際関係の秩序では、そうはいかない。主権は単一であって、従属するにしても、「両属」ということはありえない。

そのため「琉球処分」は、明治政府としては、江戸時代以来、日本に従属してきた琉球を、近代国家として正式に編入したものだ、という立場である。しかし清朝にとっては、入関直後からずっと朝貢してきた属国の琉球が滅亡した、日本が属国を奪った経過だった。もちろん李鴻章にいわせれば、台湾出兵につづいて、日清修好条規に定めた「所属の邦土」不可侵の違反である。台湾出兵につづいての暴挙だった。いよいよ警戒を強めなくてはならない。

清朝からみれば、海を隔てた琉球じたいは、大した問題ではなかった。重大なのは、首都の安全に関わる朝鮮半島なのである。朝鮮が同じ属国の琉球のように滅亡し、併合されて、強大な外敵が隣接する事態は、断じてあってはならない。

さて、その朝鮮である。ホンタイジに屈服し、清朝の属国になってからも、「小中華《しょうちゅうか》」の矜恃を失わない一方で、清朝への朝貢儀礼も怠りなく、最も「恭順」を称せられ、平和な関係を続けてきた。またかつて「倭乱」の災禍をもたらした日本とも、対馬を介した日常的な通商と、徳川将軍に対する通信使の派遣とを組み合わせて、対等の関係を保っている。西洋近代が東アジアに及んでくるまで、半島は大陸・列島と関係の破綻をきたさず、東アジア全体の安定をもたらしていた。

しかし琉球と同じく、明治日本の西洋化が、その安定をにわかに揺るがす。日本政府は朝鮮との関係を刷新すべく、積極的なアプローチを試みて相手の警戒をまねき、対立を深めた。その紛糾がようやく落ち着いたのは、一八七六年二月、江華《こうか》島条約《とうじょうやく》の締結による。第一条に朝鮮を「自主の邦」と定めるこの条約で、日本は日朝関係を独立国どうし、西洋規準に合う国際関係としたつもりだった。それに対し、清朝は依然として、朝鮮を自らの属国とみなし、安全保障の要と位置づけつづける。

一八八二年という転機

「琉球処分」で危機感をつのらせ、属国滅亡の波及を警戒した清朝は、朝鮮に西洋列強と条約を結ばせることにした。日本に対する牽制のためである。朝鮮が一八八二年、米英独とあいついで条約を結んだのは、そうした働きかけの結果であり、実際に締結の交渉も、李鴻章が仲介した。

しかもそこでは必ず、「朝鮮は清朝の属国である」と声明を出した。これは文字どおりには、従前の「朝貢」関係を確認した文面にすぎない。しかし清朝は、そこに西洋的な属国の意味を附加して、朝鮮に対する干渉強化に乗り出した。

一八八二年夏といえば、条約締結の直後である。ソウルで軍隊の暴動から発展したクーデタが起こった。いわゆる壬午《じんご》軍乱《ぐんらん》である。蜂起した軍隊が日本公使館を襲撃したことから、日本政府が兵力を派遣して、朝鮮政府の責任を問う姿勢をみせた。

これに驚いたのが、清朝である。軍事的に優勢な日本の派兵は、朝鮮政府を圧倒し、半島をすっぽりその勢力下に入れてしまうかもしれない。そうした危惧から、清朝もソウル派兵に踏みきった。それにとどまらず、日本の機先を制して、武力行使を断行し、首謀者をとらえ、クーデタを制圧した。

清軍は以後、そのままソウルに居すわって、朝鮮政府に睨みをきかせたから、清朝の勢力は著しく増大する。その朝鮮派遣軍の参謀として作戦に参画したのが袁世凱、当時まだ数えで二十四歳であった。

一九世紀の後半になって、清朝は西洋諸国や日本と新しい条約関係をとりむすんでも、朝鮮・琉球・ベトナム・ビルマ・タイなど、ほかの周辺国とは旧来の関係を保っていた。それまでの体制では、前者は「互市」、後者は「朝貢」のカテゴリーにあって、秩序体系を異にしていたからである。

「朝貢」とは、ごく簡単にいえば、周辺国が清朝に貢ぎ物をもたらして臣礼をとることである。もっとも、それは儀礼上の上下関係であるから、上位の清朝は下位の周辺国の行動は拘束しない。その内政外政には、原則として干渉しない慣例だった。壬午軍乱のように武力介入し、しかも首都に進駐したケースは、きわめて異例なのである。思いがけない事態に、当の朝鮮・日本をふくめ周辺国は、戸惑いを隠せなかった。

従前の「朝貢」という関係・「属国」という秩序は、この朝鮮をめぐる問題を通じて、大きく変容する。それは単に「朝貢」「属国」のカテゴリー内にはとどまらず、清朝全体を揺るがすものになってゆくのである。

4 「属国」の再編

ベトナムをめぐる相剋

こうした国は朝鮮にとどまらない。中国の雲南・広西と地続きで南隣するのは、ベトナムである。そのベトナムは古来、中国王朝との関係が深かった。一〇世紀以降は独立王朝の時代で、中国側はしばしば一方的に軍事介入し、ベトナム側がそれを退けた上で「朝貢」する、という歴史をくりかえしてきた。

ベトナムは当時、一九世紀はじめ全土を統一し、清朝に「朝貢」して「越南《えつなん》国王」に封ぜられた阮《グエン》朝が支配していた。他方、建国時に援助を与えたフランス・カトリックの勢力が強く、宣教師の弾圧を口実に侵略をすすめ、一八六〇年代にカンボジアを保護領とし、隣接するベトナム南部を併合する。フランスはそれにあきたらず、さらに北上し、ハノイ周辺にも手を伸ばした。かくて、そこと境を接する清朝も、ついに坐視できなくなる。

フランスは一八七四年、阮朝ベトナムとサイゴン条約を締結して、全ベトナムを保護下に入れることを定めている。一八八〇年代に入って、清朝側がそれに強い難色を示した。ベトナムは清朝に「朝貢」する「属国」だから、保護権も清朝が有する、ととなえ、軍隊も境界を越えて、活動をはじめたのである。

この言動はまさしく、朝鮮のケースと同じだった。隣接する地域を「保護」圏として確保し、安全保障に資するねらいであり、いずれも「属国」を論拠とする。しかしフランスからすれば、それはサイゴン条約に矛盾し、国際法上も根拠のない言動だったから、もちろん反撥した。

北ベトナムで軍事活動をはじめた清仏の破局を回避するため、難渋な交渉がはじまる。ペテルブルグ交渉を成功させたばかりの曾紀澤が、パリでフランス政府に抗議を続けた。けれども今度は、フランス側がロシアのようにたやすくは譲らない。妥協の見通しは容易につかなかった。

その間、現地では一八八二年四月下旬に、フランス軍がハノイを占領、清朝側もこれに対抗して、広西・雲南両省の軍隊が進攻する。いよいよ軍事的な緊張が高まっていった。

ちょうど朝鮮半島で壬午軍乱の後始末も終わったころ、同年の一〇月より、北京駐在公使のブーレが総理衙門と交渉をはじめ、翌月の末には天津で李鴻章と、北ベトナムに清仏それぞれの勢力圏を画定することで、合意に達する。だが紛争は、それでは収まらなかった。一八八三年はじめに発足したジュール・フェリ政権が、その合意を否認したからである。

フランスは清朝を無視して、ベトナム政府と直接にフエ条約を結び、明確にベトナムをフランスの保護国と定めた。これに対し、清朝側も態度を硬化させ、ついに軍事衝突が起こる。しかし清軍は敗れ、さらにフランス海軍も活動をはじめたため、李鴻章はあらためて和平を模索した。

かれは旧知のフランス海軍中佐フルニエと天津で交渉をおこない、一八八四年五月一一日に協定をとりむすぶ。ところが、まもなく撤兵で手違いが重なり、ふたたび清仏両軍が衝突し、全面的な戦争状態に入ってしまった。いわゆる清仏戦争である。

戦闘は海上ではフランス側が優勢を続け、陸上では清朝側が優勢に転じ、あい譲らなかった。清仏は一八八五年四月四日、パリで停戦に合意、六月九日、戦争を終結させる天津条約の締結にいたる。清朝は最終的に、ベトナムに対する「保護」をあきらめ、フランスの植民地化が決定的になった。

「保護」と「属国」

この経過は「属国」と清朝の関係変容を如実にあらわす。そもそも軍事的な保護は、「属国」と不可分ではなかった。琉球の場合が典型である。「琉球処分」に反撥した琉球の人士が援助要請をくりかえしても、清朝は決して応じなかった。海を隔てて安全保障に関わらない島々に、リスクを冒す必要はない、と判断したからである。それでも「属国」という地位は、清朝にとって重大であり、琉球王国の存続は画策しつづけた。ほかの重要な「属国」に影響が及ぶからである。地続きで境を接するベトナムと朝鮮であった。

そのベトナムをみても「属国」とはいえ、当初はやはり軍事的に「保護」するという意味ではなかった。フランスとの対立を通じ、北ベトナムの軍事的な保護が不可欠だと認識されるようになったのである。

要はベトナムに対する保護権の争奪であり、それが結果として、フランスに帰したといえる。ただ、そう理解するだけでは十分ではない。清仏双方ともに、その保護権をはじめから完全にそなえていたわけではなかったからである。とりわけ清朝は、フランスの軍事行動に触発されて、軍事的な「保護」権を確保せねばならない、と自覚するようになり、旧来の「属国」を根拠に、その「保護」を獲得しようとした。ここで「属国」と「保護」が結びつき、それぞれの概念内容が変わってきたのである。

現代のことばを使うなら、当時の「属国」とはさしづめ、清朝が軍事的にフリーハンドを有する緩衝地帯とでも表現できようか。緩衝地帯といい、軍事的な干渉権といい、すこぶる西洋的・近代的であるにもかかわらず、その根拠は古来の「朝貢」という儀礼関係の存在であった。双方あるいは関係国の合意した条約や協定などにもとづいたものではない。そのため、利害が対立したさいには、列強や日本との論争と衝突が避けられなかった。

ベトナムでは軍事的に敗北して、清朝はその「保護」を断念せざるをえなくなる。それでも、ベトナムが「属国」である、という関係を否認することはできない。ベトナムよりも重要な「属国」の朝鮮が、なお存在しており、存続させねばならなかったため、琉球と同じく「属国」が滅んでは困るからである。

朝鮮半島の方面でも、清仏戦争と時を同じくして、やはり「属国」と「保護」が結びつき、同様に重大な問題となった。しかしそれは、ベトナムの場合とはいささか異なる経過をたどる。

「保護」のゆくえ

一八八二年、清朝が壬午軍乱でとった行動は、朝鮮の人士に衝撃を与えた。朝鮮が清朝の「属国」であるのは、「朝貢」という儀礼をおこなっている関係からにすぎない。かつて清朝が表明し、江華島条約にも定めたとおり、朝鮮の「内政外交」は「自主」でなくてはならなかった。

たしかに壬午軍乱の軍事介入は、朝鮮政府をクーデタから守ってくれた「保護」ではある。が、しかしそれは同時に、朝鮮の「内政」に対する干渉でもあった。そんな「保護」は、とりもなおさず「自主」に反する。それでよいのかどうか。朝鮮政府の内部で意見が分かれるとともに、関係各国も立場と利害は必ずしも同じではなかった。

朝鮮政府には自国を守るだけの軍事力が備わっていなかったから、内乱・外敵からの「保護」が必要である。それを壬午軍乱で優勢に立った清朝に仰がないのであれば、ほかに頼らなくてはならない。

朝鮮政府要人の多くは、目前の現状を受け容れる姿勢だった。つまり清朝の主張する「属国」を通じた「保護」に頼る方向である。けれどもそれにあきたらず、むしろ近隣の日本や西洋列強の「保護」を求める勢力も存在した。かれらは諸国ととりむすんだ条約を根拠に、「自主」を主張したのである。

その典型的な事件が、一八八四年一二月の甲申政変《こうしんせいへん》だった。これは朝鮮政府の実権を握る一派に反撥して、少壮の改革派の起こしたクーデタである。端的にいって、政権内部の路線対立・権力抗争にほかならない。しかし改革派はそこで、日本の軍事援助を受け、清朝の「属国」を否定する姿勢を鮮明にしたから、朝鮮の国際的な地位を改めようとする試みでもあった。翌年におこった露朝密約、つまり朝鮮政府がロシアの保護・軍事援助を求めた事件も、やはりそうである。清朝はもちろん、そうした動きに強く反撥した。

甲申政変はそのため、単なる政府内のクーデタにはとどまらず、日清の武力衝突にまで発展した。清朝のソウル駐在軍を率いた袁世凱が、改革派を支援する少数の日本軍に戦いを挑んで、圧倒したのである。まかりまちがえば、そのまま日清の全面戦争になりかねない危機ではあった。

それをどうにか回避させたのは、一八八五年四月、伊藤博文と李鴻章が合意した天津条約で

袁世凱とその名刺（拙著『世界のなかの日清韓関係史』より）

ある。日清双方が朝鮮半島から撤兵し、出兵のさいには、相互に通知しあうことを定めている。これでソウルに進駐していた清朝の兵力が退き、朝鮮半島は軍事的に、ほぼ空白の状態になった。

　朝鮮に対する軍事的「保護」は、どこが担うべきか、これではいよいよ定まらない。しかも条約に明記する「自主」という朝鮮の地位が、その問いをいっそう難しくした。清朝はそれだけに、ベトナムの場合にもまして、「属国」と「保護」を不可分のものとみなくてはならない。少なくとも対外的なアピールは必要だった。

　李鴻章が甲申政変で功績をあげた若き軍人の袁世凱を抜擢して、ソウルに常駐させたのも、これと深く関わっている。果たして袁世凱は、ことあるごとに朝鮮が清朝の「属国」だと声高に主張した。しかし朝鮮政府も、日本や欧米各国も、その言動には必ずしも納得できなかったのである。

　こうした情況が半島の軍事的な空白とあいまって、相互牽制の作用を果たし、一種の勢力均衡をもたらした。清仏が真っ向からぶつかりあったベトナムとは異なって、一八八五年以降、朝鮮半島が緩衝地帯として機能し、十年の平和を保ちえたゆえんである。逆にいえば、そうした相互牽制・勢力均衡のしくみがくずれたなら、半島のみならず東アジアの平和は崩れかねない。

北洋艦隊１番艦「定遠」

北洋艦隊２番艦「鎮遠」

転機

この間、李鴻章子飼いの淮軍は、およそ十七万の兵力に拡大している。ドイツ式の訓練を施し、ドイツ製の兵器で武装した。北洋海軍の建設も大きく進捗し、八八年に艦隊が編成された。二年後、旅順《りょじゅん》の軍港も完成し、艦隊の根拠地となる。軍艦は英・独から購入した世界最大級のもの、主力の定《てい》遠《えん》・鎮遠《ちんえん》は、ドイツのフルカン造船所で建設された装甲艦であり、東洋一と称せられた。両艦は二度、長崎に寄港し、示威をおこなっている。

もっとも李鴻章は、手放しで満足していたわけではない。漢人在来の社会組織や経済慣行では、大規模な資本集中や企業経営は難しかったため、かれの企図した「洋務」は、日本の富国強兵と比較すれば、進展のペースが鈍かった。軍隊もハード面の威勢は盛んでも、組織・紀律などソフト面の充実は心許ない。

むしろ内実がともなわないからこそ、偉容を誇り、威嚇《いかく》につとめなくてはならなかった。近代戦争という観点からいえば、北洋海軍は戦わない、あくまで示威的な抑止力にすぎない。それは李鴻章本人がよくわきまえていた。そんな淮軍・北洋海軍に、やがて破局が訪れる。

一八九四年春、朝鮮半島南部の全羅道《ぜんらどう》で、東学《とうがく》が蜂起した。東学とは「西学（キリスト教）」に対する命名で、一九世紀の後半からひろまった新興宗教結社である。教団の合法化を運動し、当局の弾圧をうけた結末だった。軍備の乏しい朝鮮政府は、やはり内乱の鎮圧もままならない。五月三一日に全州《ぜんしゅう》が陥落すると、自力の平定がかなわないとみて、六月はじめ、壬午軍乱・甲申政変の「先例」にならって、清朝に援軍を依頼することに決した。

希有の機会である。とりわけ李鴻章の意を受け、十年もの間ソウルに駐在し、「属国」をアピールしてきた袁世凱にとって、そうだった。援軍を派遣し、軍事的「保護」を実現すれば、朝鮮が清朝の「属国」なのは、誰の眼にも明らかとなる。かれは本国の李鴻章に援軍派遣を具申した。

ただし、出兵を事前に通知しあう、と定めた天津条約がある。これは当時のみかたでは、日清いずれかが出兵すれば、もう一方も自動的に派兵する、というのとほとんど同義だった。自らの軍備に心許ない李鴻章が、朝鮮に対する武力行使を自制していたのも、そのためである。

しかし袁世凱と李鴻章は、日本国内で政府と議会が対立して、とても朝鮮に出兵する余裕はない、と見きわめ、朝鮮派兵にふみきった。かれらはその挙を「属国を保護してきた旧例」にしたがったものだと表明する。

「属国」の「保護」。これでかれらは、十年にわたる懸案を解決したつもりだったろう。しかしそれは、まったく思いがけない局面のはじまりだった。

日清開戦

日本政府は早くから、清朝の派兵に関する情報をつかみ、対抗する方針を練っていた。天津条約にもとづく相互通告が六月七日になされると、日本は在外公館の保護を根拠として、敏速に派兵した。危機感をつのらせていたからである。

朝鮮半島は清朝に劣らず、日本にとっても安全保障上、重要である。その勢力バランスがこのたびの清朝の派兵で、いっそう日本に不利になってしまう、という認識だった。日本の出兵は、その挽回が目的である。

日本軍の出現をみて困惑した袁世凱は、日清の共同撤兵を画策する。実現すれば、東学蜂起

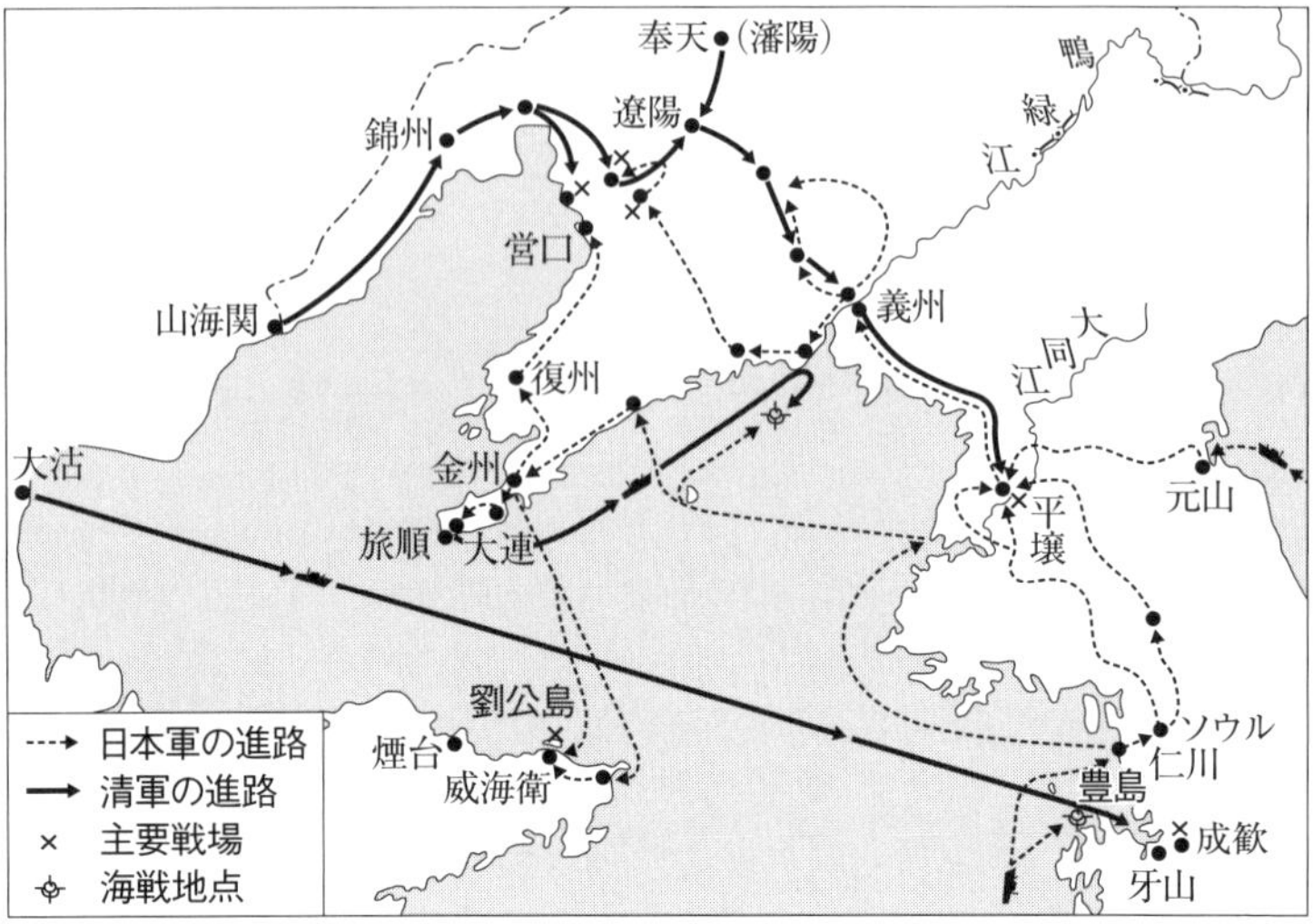

日清戦争（池田誠ほか『図説中国近現代史』第3版、法律文化社、2009年より作成）

以前の原状復帰にひとしく、清朝にとっては、これでも十分だった。援軍派遣の事実で、すでに「属国」を「保護」した実績ができたし、朝鮮政府内も清朝にくみする勢力が、圧倒的に強かったからである。

日本側、とりわけ陸奥《むつ》宗光《むねみつ》外相は、そのあたりの機微をよく承知していた。同時の撤兵では清朝の勢力を増大させてしまう、と憂慮して、断乎《だんこ》撤兵に応じない。逆に清朝側がとても呑めないような朝鮮の内政改革案を提案し、かつまた李鴻章が画策したイギリス・ロシアの干渉をことごとくはねのけて、決裂をはかろうとした。

それぱかりではない。二十年近く前の江華島条約まで、もちだしてきた。「属国を保護する」清軍の存在が、朝鮮の「自主」をさだめた条約の第一条に違反している、ととなえて、清朝に戦いを挑んだのである。

日本は七月二〇日、最後通牒を朝鮮政府につきつけ、朝鮮の「自主独立を侵害」する清軍の駆逐を求めた。もちろんできるはずはないので、日本軍の手で実行するつもりである。日清は七月二五日に豊島《ほうとう》沖の海戦、二九日に成歓《せいかん》・牙山《がさん》の役で激突、八月一日、ともに宣戦布告をおこない、ついに日清戦争がはじまった。以後の経過と結果をくわしく述べる必要はあるまい。軍事的には、日本の圧勝だった。

そうした結末は李鴻章も、おおよそ予想のついたところだろう。だからこそ、かれは何としても、戦争を回避したかった。開戦に至ったのは、とりかえしのつかない失敗だったといえる。

しかし失敗というなら、それは李鴻章にとってだけではない。清朝全体にとっても、あるいは日本にとっても、そうではなかっただろうか。

第七章　終局——消えゆく多元共存

1　十年の動乱

構造変動

日清戦争は世界史・東アジア史の分水嶺である。列島も大陸も半島も、これを境に、好むと好まざるとにかかわらず、帝国主義に直面し、変貌を余儀なくされ、血みどろの二〇世紀に入っていった。なかでも、転変いちじるしかったのが、大陸である。

清朝にとって日清戦争とは、たんなる戦争・敗北ではない。自らの大きな変容をもたらすものだった。まずは、権力バランスである。

すでに述べたとおり、一八六〇年以後の漢人統治の体制は、「垂簾聴政」と「督撫重権」の組み合わせで成り立っていた。実地の政治がともかく大過なかったのは、その組み合わせが安定していたからであり、西太后と李鴻章の力によるところが大きい。

もっとも当初こそ四、五十代で壮健だったけれども、日清戦争当時ともなれば、西太后は還暦、李鴻章は数え七十二、もはや老耄《ろうもう》である。次の世代も擡頭をはじめていた。

そもそも「垂簾聴政」「督撫重権」の要諦は、皇帝が権力を行使しないところにある。いわば君主独裁制という中国史の伝統にも、名君を輩出した清朝の歴史にも反するものだった。「垂簾聴政」「督撫重権」を正当化したのは、皇帝が幼少で代替を要した、という非常事態である。

李鴻章の「督撫重権」も、北京の中央官僚たちに不評だった。かれらは政見のちがいにくわえ、「洋務」にともなうポスト・利権の独占などを嫉視していたからである。もとより正直にそれを訴えたりはしない。しばしばイデオロギーや原則論をとなえて、現場の情勢次第で妥協しがちな李鴻章らを指弾したのである。

そんな批判はゆきすぎると、西太后が抑えるのが常であった。清末の「督撫重権」は「垂簾聴政」と嚙み合ってこそ、円滑に機能しえたのである。

ところが時間が経てば、幼帝も育つ。夭逝した同治帝に代わった光緒帝《こうちょてい》が、一八八九年・数え十九歳から親政をはじめると、皇帝独裁の建前は、あらためて実体化しはじめる。現状に不満な勢力は、若き皇帝のもとに結集し、本来皇帝が有すべき独裁権力を利用して、現状を変更しようとした。そのあらわれの一つが日清開戦である。

還暦の祝賀を待ち望む西太后も、軍備の拙劣を知りつくす李鴻章も、戦争は避けたかった。けれども正論をふりかざす反対派は、妥協を許さない。日清を開戦に追いこんだのは、決して日本側の陸奥外交だけではなかった。

「垂簾聴政」は意欲的な青年皇帝が取って代わり、皇帝の独裁を追い求める。「督撫重権」は最大の軍事力が潰滅し、地方督撫の比重が低下した。バランスを保ってきた権力構造は、にわかに変動をはじめ、中央と地方の対立局面が濃厚になってきたのである。

体制変革

日清戦争の経過は、清朝の無力を白日の下にさらした。列強はこの時期、すでに資本主義を極めた帝国主義の段階を迎えている。弱肉強食・優勝劣敗、弱小国には容赦なかったから、一八九五年四月に下関条約で戦争が終わると、争って中国利権の獲得をめざした。鉱山の開発や鉄道の敷設が代表的で、なかんづく重要なのは、ロシアが戦争終結の翌年に敷設をはじめた、東三省を横断する東清鉄道である。

そうした動きは、年を逐《お》って劇化してゆく。一八九七年一一月、ドイツは自国の宣教師殺害を口実に、軍艦を派遣して膠州湾《こうしゅうわん》を占拠し、そこを租借地として認めさせた。「租借」とはリースのことだが、当時の感覚では、貸与が九十九年間といえば半永久にひとしく、割譲同然だったのである。

ロシアもつづいて、遼東半島先端の旅順・大連《だいれん》を「租借」、イギリスはこれに対抗して、対岸の威海衛《いかいえい》および香港の新界《しんかい》を「租借」した。そして各々その租借地を拠点に、ロシアは東三省、ドイツは山東省、イギリスは長江流域、フランスは華南といった具合に、勢力範囲を画定する。見方によっては、アフリカにもみまがう分割の趨勢にほかならず、否応なく危機感が高まってきた。

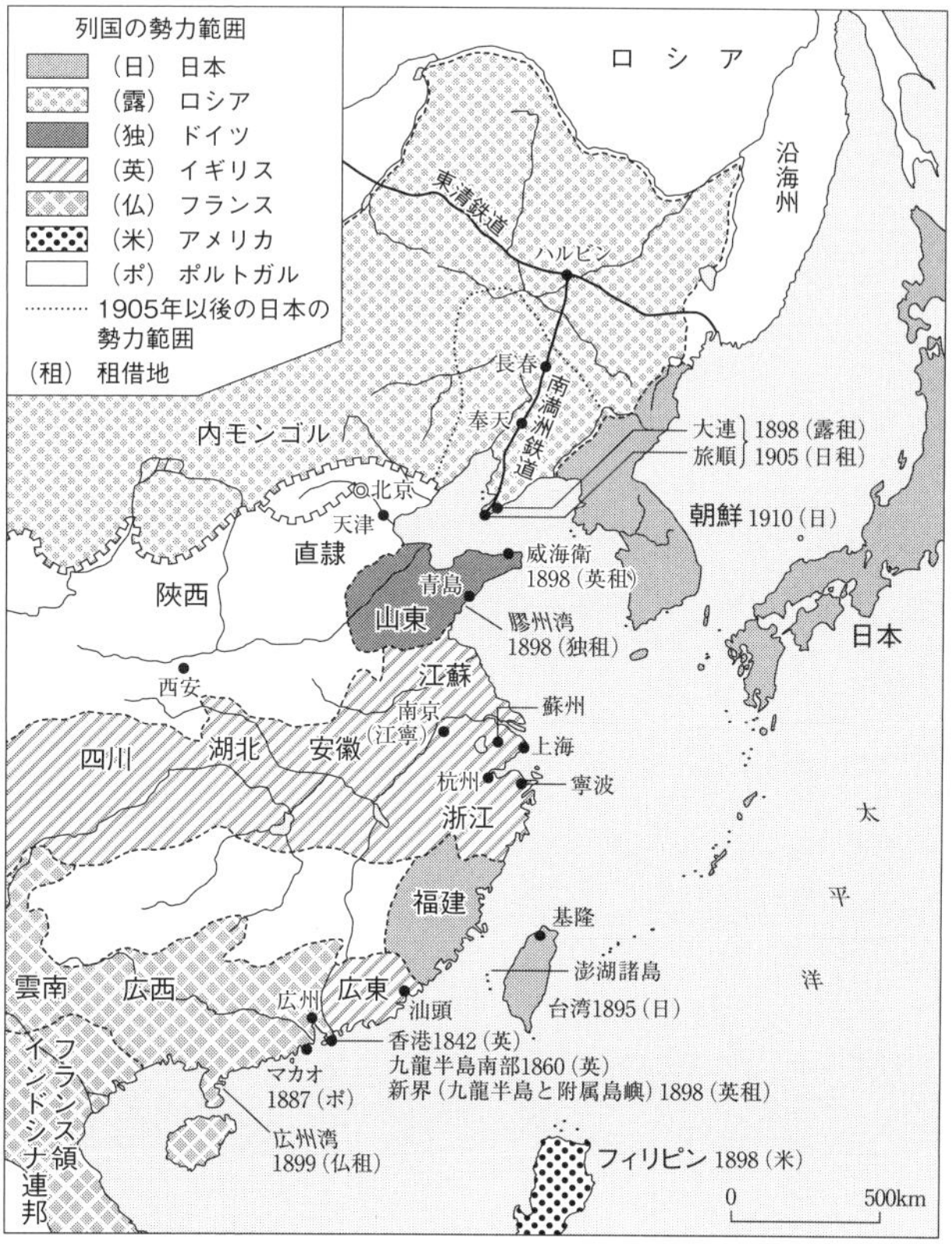

「瓜分」図（菊池秀明『ラストエンペラーと近代中国　清末中華民国』中国の歴史　10、講談社、2005年より作成）

これに応じて出てくるのが、第二の変容であった。制度・政体に関わるもので、「変法《へんぽう》」と称する。

その担い手になったのが、康有為《こうゆうい》という儒学者。瑣末な穿鑿《せんさく》に流れて実用から離れがちになった考証学のありようを反省し、目前の課題に答えるべく経典の新たな解釈を打ち出した学派に属する。

かれがめざしたのは、明治日本をモデルにした体制変革であり、それを正当化するため、孔子を改革者・教祖とした。それまでは、孔子は先王の教義をうけついだ祖述者だとするのが、正統な学説だったのである。

これだけでも、破天荒である。さらに運動の手法も新しい。一般の知識人を政治結社に組織し、ジャーナリズムを利用して宣伝した。中国の政党・新聞の起源は、ここにある。こうした活動に尽力したのが、高弟の梁啓超《りょうけいちょう》ら、少壮知識人たちであった。

康有為はつとに持論をアピールしてきたものの、それが現実政治で実を結びはじめるのは、対外的な危機感が高まった日清戦争以後、一八九八年になってからだった。光緒帝はじめ中央政府の内部に、康有為の主張に対する共鳴がひろがってきたためである。

つまり上述の権力バランスでいえば、康有為の「変法」は、時あたかも力を増してきた皇帝と中央に依存して始まった。「変法」が明治日本のように、政体・制度の西洋化、中央集権の国家体制をめざしていたから、それは当然のなりゆきでもあっただろう。

同年六月一一日、正式に「変法」を開始する詔勅が下った。この年の干支が戊戌《ぼじゅつ》なので、「戊戌変法」といいならわす。人材の養成と登用・行政機構の改革・科挙の変改・京師大学堂《けいしだいがくどう》（いまの北京大学）の設置・制度局の設置・宗室王公の外国視察など、康有為の構想を次々と実施に移すよう、勅令が下った。どうやら光緒帝みずから積極的に、イニシアティヴをとっていたようである。

義和団から日露戦争へ

もっともそうした光緒帝・康有為の意欲的な方針が、当時の現実に合致していたかどうかは、自ずから別の問題である。九月の中旬まで、矢継ぎ早に発せられた改革の命令は、ほとんど実施をみなかった。現場では急進的に失していたのである。そのために、かえって反対派の勢力を増し、いよいよ改革はすすまなくなった。

焦慮した康有為の側は、反対勢力をおさえるため、強引な任免人事を断行したばかりか、武力の行使さえはかろうとする。反対派は機先を制して西太后を擁し、逆に光緒帝を宮中に幽閉、「変法」派を弾圧した。康有為・梁啓超の師弟は、外国公使館に逃げ込み、すんでのところで捕縛を免れ、日本に亡命する。

列強はこの政変に失望し、光緒帝と改革派に同情を隠さなかった。西洋化・近代化を大胆にすすめ、悲劇的な運命に遭ったからである。康有為らの亡命を助けただけではない。西太后と周辺が画策した光緒帝の廃位にも、難色を示したから、北京朝廷の首脳部は、列強に反感をつのらせていった。

北京朝廷にかぎらない。華北ではあいついで利権を手中にし、急速に勢力を拡大した外国列強を嫌って、いわゆる教案が頻発した。それを主導したのが、秘密結社の義和拳《ぎわけん》である。かれらは同じく列強に反感を持つ清朝の現地当局から団練として公認をうけ、義和団《ぎわだん》と名乗り、「扶清滅洋《ふしんめつよう》」をとなえて一大勢力となった。

もちろん列強は激しく抗議し、清朝政府との対立は、ますます深まってゆく。北京朝廷は一九〇〇年、天津・北京に入った義和団と結んで、ついに六月二一日、列強に宣戦布告、外国公使館を包囲攻撃した。いわゆる義和団事変である。同年の八月、八ヵ国連合軍が北京を占領、清朝は敗れて、翌年の九月七日、北京《ペキン》議定書《ぎていしよ》（辛丑和約《しんちゆうわやく》）が調印された。天文学的な額の賠償金などを課せられた懲罰的な内容である。

清朝はこうして、国際的に従属的な地位に置かれた。そればかりではない。東清鉄道《とうしんてつどう》を掌握していたロシアは、義和団の波及を理由に、十七万の大軍を東三省に入れて、事実上その地を占領、支配したのである。

隣接する朝鮮半島を勢力下に置きたい日本とロシアの南下を嫌うイギリスは、一九〇二年に日英同盟を結んで対抗した。しかしロシアは東三省から撤兵せず、鉄道の建設・旅順総督府の設置をすすめてゆく。日本は撤兵と朝鮮半島での利害調整を求めたけれども、ロシアが拒否して決裂、一九〇四年二月、日本軍の旅順攻撃で、日露戦争がはじまった。

一年半におよんだ凄惨な戦争は、奉天の占領と日本海海戦の勝利で日本の優勢でおわり、一九〇五年九月にポーツマス条約が結ばれる。日本はロシアの有した旅順・大連の租借権、東清鉄道の長春・旅順間の支線と関連権益を譲りうけ、列強の仲間入りを果たした。

かたや無力な清朝は、その東三省を戦場とされながら、局外中立を宣言せざるをえなかった。けれども、日露相下らない戦争の結果、どうにか自らの発祥の地を奪われないですんだのである。

2　変貌へ

「新政」と「立憲」

以上のとおり、日露戦争終結までの十年は、あまりにも急激な転変であった。日本人からみれば、大陸の大国に連勝し、一躍アジアの強国としてのし上がったプロセスだったかもしれない。しかしそんな日本の浮上もふくめ、東アジア全体でみれば、巨大な国際情勢の変動であり、既成秩序の改編であった。

日本の対極に、清朝が位置する。国際的な地位が低落したばかりではない。内的な変容も劣らず重大だった。すでに述べたとおり、日清戦争は李鴻章の勢力に打撃を与え、「督撫重権」を弱め、権力バランスに変調をもたらした。そこから清朝のさらなる変貌がはじまる。

一九世紀最末期の「変法」は、急進的に失して挫折したものの、その西洋化・近代国家化をめざす改革のとりくみが、それで途絶することはなかった。というよりも、清朝政権と漢人社会は、西洋の排斥を果敢に試みた義和団事変で敗れた以上、自らの滅亡を救うため、改革に向かうほかなかったのである。

その試みを「新政《しんせい》」と称する。内容は以前の「変法」と、ほとんどかわるところはない。ただそれが一部の勢力だけでなく、政府・社会全体の動きになった局面が、前世紀とまったくちがう点である。

北京議定書を締結した一九〇一年から、ポーツマス条約が結ばれた一九〇五年まで、五年間の「新政」は、科挙の改廃・学校の設立・留学生の派遣という三事にまとめることができる。科挙の廃止は、漢人統治の体制教学たる儒教・朱子学を無用ならしめ、西洋式学校の整備は、近代的な教育体系を準備し、留学生は主に、同じ漢語を使う近隣の日本に赴いた。いずれも、清朝政権と漢人社会を指導する知識人エリートの視座・観念を転換させるものである。

その動きは一九〇五年以降、いよいよ加速した。日本という恰好のモデルが、誰の目にも認知されたからである。もとより日露戦争の勝利によるものだった。

日本がなぜ大国のロシアに勝てたのかといえば、ロシアが皇帝専制だったのに対し、日本は立憲制を採っていたからである。欧米に通例の立憲制に改めれば、滅亡を免れるだけでなく、自強することもできる。日露戦争の結果は、このようなイメージをかきたてた。エリートの観念転換の所産というべきだろう。「新政」はこうして、次の段階に入り、立憲制の導入に収斂していった。

清朝政府は同年一〇月、憲政視察団を日本・アメリカ・ヨーロッパに派遣し、その復命にもとづき、翌年九月に「預備《よび》立憲（立憲の準備）」を宣言、まもなく中央の官制も改めた。一九〇七年（光緒三十三年）には北京に資政院《しせいいん》、各省に諮議局《しぎきょく》を置く命が下った。ともに議会開設の準備機関である。翌年、明治憲法に倣った「憲法大綱」が上申され、十年後の憲政実行が命ぜられた。

中央と地方

「新政」が西洋化・近代化であるなら、中央集権的な国民国家を形成するのが、その目標となる。中央集権を達成するには、文字どおり、中央政府に権力を集中させればよい。明治維新という手近なモデル・実例もある。ところがこの時期の清朝は、必ずしもそうならなかった。条件がたとえば日本とは、まったくちがっていたからである。

当時、漢人統治の権力構造は「督撫重権」、つまり軍事力をあずかる各省の地方大官に権力の重心があった。むしろ中央集権に逆行する構造である。そのため日清戦争以来、にわかに北京中央が政治を主導しはじめると、かえって軋轢を生じ、挫折をくりかえした。「戊戌変法」・義和団事変、いずれもそうである。

その義和団事変で、漢人社会に対する清朝の権威は、大きく失墜してしまった。とりわけ地域社会を牛耳る知識人エリート層の郷紳が、北京政府に反撥している。ほかならぬ清廷が、かれらと対立する秘密結社と手を結んで、甚大な被害をもたらしたからである。すでに北京と矛盾が顕在化しつつあった各省の督撫は、いよいよ在地の利害にその立脚点をシフトしていった。

事変時だけではない。戦後処理もそれが続く。たとえば、巨額の賠償金を支払うため、少なからぬ増税の負担が、地域社会にのしかかった。在地の人士にとっては、清朝は列強の言いなり、いわゆる「洋人の朝廷」になって、自分たちに害を及ぼしている、と思ってもおかしくはない。

朝廷と督撫との矛盾ばかりではなく、中央と地方との乖離、清朝政権と漢人社会との相剋という局面も、どうやら不可避になってきた。辛亥革命の各省「独立」という結末も、政治社会構造の力学としては、すでに準備がととのっていたといってよい。

共通の課題

その一方で、近代化希求の気運はますます高まっていた。かつての清朝「盛世」の勢威は見る影もなく、華夷「一統」はもはや遠く過ぎ去った歴史でしかなかったから、西洋化・近代国家形成という大義は、もはや動かしがたい。眼前には列国「並立」の激烈な国際競争が厳存する。列強は自分たちをバラバラにして滅ぼしかねない、という恐怖心、「瓜分《かぶん》」に対する危機感は、義和団事変の破滅的な結末によって、極点に達した。世界列国の一国として自立するしか、生き残る道はない。

「瓜分」という表現が言い得て妙である。一つの瓜を切り分けるわけだから、それがたとえる分割の対象は、もともと一体のものを意味している。つまり清朝の統治する範囲は一体不可分の国土だという意識ができ、危機感がつのるとともに、その意識も高まってきた。

こうした立場の人々は、自らが清朝治下の漢人であることを拒否し、日本漢語で自らを「支那人」、自国を「支那」とよんだ。もちろんChina/Chineを漢字に置き換えた語であり、西洋人・日本人が当然と考える国民国家を含意する。

したがって当時このことばは、断じて差別用語ではない。まったく清新なニュアンスをもった新語・外来語である。これを用いるだけで、現状を打破し、旧体制をつくりかえて、統一した近代国家の形成をめざす意思表示にもなった。日本モデル・日本留学・日本語摂取の所産である。この「支那」をいいかえることで、いまの「中国」という称呼・国家概念ができた。その「中国」を治める政権は、いかに権威が衰えたりとはいえ、さしあたって清朝しか存在しない。その政体をつくりかえようとする動きが顕著になったゆえんである。同時に、もはや清朝政権は頼りにならない、覆滅せねば未来はない、とする認識もひろがっていった。これが革命につながってゆく。

清朝に与する立場にせよ、そうでないにせよ、自らの生存をはかるには、近代国家となるしかないという考えでは、いずれも一致していた。さしあたってその最大公約数的な目標が「立憲」だったがゆえに、清朝の「新政」も「立憲」をめざしたのである。「立憲」ももちろん、日本モデル・日本漢語にほかならない。以後の歴史が「立憲」を一つの軸として進んでゆくゆえんである。

「領土主権」

こうした転変は決して、漢人社会だけにとどまるものではなかった。すでに清朝政権が漢人督撫の軍事力に支えられ、その存立が漢人社会の経済力に依存しているとすれば、同じ清朝政権が君臨する漢人以外の世界にも、漢人におこった変動の影響が及ばないはずはない。

その影響の最たるものが、にわかに説得力を持つにいたった国土一体化の追求である。清朝政府が漢人以外の住地を「領土」として、そこに対する「主権」を主張し、支配を強化しはじめた。ちなみに「領土」も日本漢語であり、中国オリジナルの漢語にはない概念である。

そうした動き自体は、必ずしも二〇世紀に至ってはじめて起こったものではない。たとえば、新疆である。そこが漢人の「督撫重権」に組み込まれて、新疆省となった経過は、すでにみたとおり。西北の草原オアシス地帯だけではない。東南海洋世界の台湾も同じであって、新疆省とほぼ同じ時期に、台湾省を設けた。もっとも、こちらは下関条約で日本に割譲され、以後は植民地となっている。

いずれも一八八〇年代、ロシア・日本・フランスという外敵に備えた措置であり、対外危機の産物である。トルコ系ムスリムの「ベク制」に委ねるだけでは、統治を維持できなかったし、土着民を「化外」とみなしてとりあわないだけでは、武力侵攻を阻止できなかった。そのために、漢人の統治で内乱の鎮圧・治安の維持に役立っている「督撫重権」を採用したわけである。

もっとも当時は、なお「督撫重権」の適用にとどまっていた。しかし二〇世紀に入ると、西洋的な近代国家の概念たる「領土」「主権」という日本漢語が、国土一体化のイデオロギーとして登場した。「督撫重権」あるいは漢人統治の適用を、このイデオロギーで理論化、正当化したわけである。

二〇世紀初の「瓜分」で重大な脅威を感じたのは、上にふれたところでいえば、日露角逐の場となった東三省である。そこに一九〇七年、総督が置かれ、漢人の各省と同じ体制になった。日露の勢力浸透に対抗し、どうにか確保できた「領土」と「主権」を守ろうとした試みである。

そこは元来、ヌルハチが興起した満洲人の故地である。陪都も置かれて、漢人は足を踏み入れてならない一種の聖域だった。しかしながらそうした扱いは、やがて有名無実となる。一八世紀の人口爆発と一九世紀のおびただしい移民によって、すでに住民の大多数を漢人が占めていた。森林は開発しつくされ、一面大豆畑になる。

大豆は人間・家畜の食用のほか、油を搾取し、その粕も肥料に使う。折からの油脂化学工業の勃興にともなう需要急増で、東三省は著しい経済発展をとげた。産物を輸送する鉄道が敷かれ、やがて在地の工業も興ってくる。

そのためもあって、東三省の「領土」化、つまり「督撫重権」の適用・漢人統治への転換に対する抵抗は、さほど見られない。しかしそんな地はむしろ例外、ほかはおよそ事情がちがっている。

3 解体

チベット問題

ほか、というのは、モンゴル・チベット世界である。一九世紀が終わるまで、そこはいわば、なお手つかずだった。それだけ清朝が力を注いで秩序をつくりあげ、またそれが相対的にうまくいったことの証左でもある。

乾隆帝文殊菩薩画像(『乾隆皇帝的文化大業』国立故宮博物院, 2002年より)

康熙帝以後、モンゴルの覇権を争ったオイラト・ジューンガルとの死闘を通じ、清朝はチベット・チベット仏教を押さえておく重要性を認識した。そこで雍正帝は、いっそうの積極策に出ている。オイラト系の「チベット王」の排除をめざし、かれらがなお勢力を保っていた青海の「反乱」を鎮圧、少なからぬ僧院を破壊し、僧侶を殺害するなど、強硬路線をおしすすめた。その軍事行動を統べた皇子や年羹堯が、当時に大きな権勢をもちえたのも、戦略上の要衝を占めたがゆえである。

清朝のチベット政策はこうして、ようやく軌道に乗ってきた。もっとも、雍正帝の武断的なやり方に、チベット仏教界が好意をもっていたはずはない。そこで僧院などの復興を援助し、悪化した関係を修復する役割をになったのが、息子の乾隆帝である。

かれは長い治世を通じ、チベット仏教を尊崇保護しつづけ、ダライラマに対する「大施主」の地位を固めた。それだけではない。ともすればチベット仏教徒から、外来の征服者とみなされることもあった清朝皇帝は、その過程で「仏教を広め衆生を救済する」者と認められる。乾隆帝は「菩薩《ぼさつ》王《おう》」と称されるまでに至った。満・藏・蒙を一体とした「チベット仏教世界」の完成である。

こうした皇帝父子の役割分担は、どうやら期せずして、漢人の統治と軌を一にする。雍正帝は綱紀粛正・改革実現のため、漢人知識人の言動を締めつけ、規律ある統治を確立した。それを受けた乾隆帝は、むしろ統制から弛緩へ転じる。漢人知識人の性向に添って、歓心を買う方針にしたがった。迎合だといってもよい。父がムチ、子がアメというパターンで、チベットも同じ文脈で理解できるだろう。

一八世紀も半ばを過ぎれば、すでに清朝の複眼能力は低下し、統治姿勢も硬直化に傾いてきた。満洲人も漢人と癒着をはじめている。明敏な乾隆帝の迎合はむしろ、そうした内情を見切った上で、破綻しかねない統治体制を維持するため、やむなくとった措置だったのかもしれない。

迎合と矛盾

迎合といえば、その例には事欠かない。漢人知識人に対する文化事業もしかり、外国貿易の「恩恵」もしかり、チベットの「菩薩王」もしかり。帝一流の自信と鷹揚は、露呈をはじめた破局を弥縫《びほう》、糊塗《こと》しようとする虚栄のなせるわざではなかったか。しきりに武威を示そうとしたのも、内奥にうずく恐怖心の裏返しではなかったか。

漢人の統治は案の定、一九世紀以降、暗雲が垂れ込めたのに対し、チベットは同じ時期には、なお重大な事態にはならなかった。ただ南方のヒマラヤ諸国との関係は、一貫してみのがすわけにはいかない。

「十全武功」にも数えるグルカ・ネパールとの衝突は、すでに述べたところである。それにとどまらず、ほかにもブータンやシッキムなど、いっそう小さな国々とも紛争がしばしば起こった。それ自体は取るに足らぬにせよ、南に隣接するインドとの関係が、大きな問題である。とりわけ一九世紀後半以降、イギリスがインドを植民地支配してから、チベット問題は新たな展開をみせるようになった。
英領インドはヒマラヤ諸国を介し、チベットとの交通・通商を望んだけれども、ダライラマ政権の側はあくまでそれを嫌い、清朝を盾として、拒む姿勢を崩さなかった。すでにイギリスと数十年の条約関係をつづけて、対外的な情勢をもわきまえる清朝政府が、チベット側の意向をすべて代辯することはかなわない。北京はイギリスととりきめを結んで、むしろチベットに通交をうながそうとした。チベットはそれでも、拒絶を翻そうとはしなかったのである。

チベットと北京との矛盾は、すでにこのあたりから始まっている。それが決定的に顕在化する転機になったのは、イギリスのロシア南下に対する恐怖であり、日露戦争をもたらした趨勢だった。

ロシアの脅威からインドを防衛するためには、介在するチベットとの関係を緊密にしなくてはならない。そう判断したインド総督カーゾンが、前世紀から行き詰まっていた藏印関係を打開すべく、ラサ遠征を敢行する。圧迫を受けたダライラマ十三世は、ラサを逃れて、モンゴル・五台山《ごだいさん》・北京を転々とし、一九〇九年までもどらなかった。

遠征隊をひきいたヤングハズバンドは、チベット政権と直接に交渉して、一九〇四年にラサ条約を結ぶ。そこでは、チベットは清朝の「宗主権《そうしゅけん》」のもとにある、という建前だった。カーゾンによれば、この「宗主権」とは、内実のない「フィクション」である。チベットは従前のまま、今後も「自治」してゆく、その「自治」権をもって、イギリスとの関係をとりきめる、との合意だった。

「主権」の自覚と相剋のはじまり

こうした経過にあらためて驚愕したのは、清朝北京政府である。ラサ現地で経過を実見した出先の駐藏大臣は、チベットとイギリスの直接交渉は、むしろごく当然のなりゆきと静観していた。従前からさして変わったありようではなかったからである。けれども当時、「領土主権」の概念を身につけはじめた北京は、もはやそうはいかなかった。

ダライラマ13世

ダライラマがイギリスと直接に交渉しては、清朝がチベットに「主権」を有さないにひとしい。つまり、チベットは清朝の「領土」ではなくなってしまうため、他国に併合、領有される恐れがあった。国土の一体化に反する。にわかにそんな危機感に導かれて、清朝政権の要人はチベットに対する「主権」を自覚するに至ったのである。

北京政府はイギリスと交渉をやりなおして、その「主権」を認めさせようとした。そのかたわらで、チベット現地では、ダライラマの政教一体に任せる慣例、あるいは建前すらかなぐりすてて、あわただしく「領土」統治に転じはじめた。

「領土」統治といっても、その内実は漢人の各省と同じ体制にすることを意味する。東隣の四川省からは、東チベットに漢人の入植をすすめ、ラサでは新たに赴任した漢人の大臣が、軍事的・政治的な支配強化にとりかかった。チベット仏教の伝統など、もはや眼中にない。

ダライラマ十三世も手をこまぬいてはいなかった。自らを支持してくれる勢力を求めて、列強の公人・私人と接触をはじめ、密使も送っている。そのかれが不信を抱く対象は、やがてイギリスから清朝に転じた。一九〇八年一〇月、北京に上って光緒帝・西太后と会見した時、双方の関係はもはや、高僧と施主とのそれではありえず、清朝側が一方的に服従を強いたからである。

離京したダライラマがラサに帰還してまもなく、チベット支配強化のため、四川から清軍が攻め込んできた。一九一〇年二月のことである。すんでのところで、ダライラマは逃れ、インドに亡命した。かつてイギリスを嫌い、清朝を頼みとしたチベットの対外姿勢は、まったく逆転してしまったのである。この構図はいまも続いている。

ボグド・ハーン

こうした変動は、ひとまずはチベットに限った問題である。しかしそれだけでは、収まらなかった。清朝の国土一体化の追求がやまなかったからである。

「チベット仏教世界」は、チベットだけではない。その東方には、モンゴルがある。こちらは清朝が興起以来、政権の基盤としていただけに、チベットに勝るとも劣らず重要だった。

一口にモンゴルといっても、空間的に広大だし、集団としても複合的である。ハルハ・オイラトなどは述べてきたとおりながら、さらに細かく言い出すと、やはりキリがない。本書の範囲でごく大まかに区分すれば、清朝帝室とも婚姻関係をもち一体となっていたのが、ゴビ砂漠より南に位置する「内蒙古《ないもうこ》」、よりゆるやかな主従関係にあったのが、ゴビより北の「外蒙《がいもう》古《こ》」と理解しておけばよいだろう。

「内蒙古」「外蒙古」も漢語の概念であって、当時・後世のモンゴル人じしんの意識は、また異なるだろうし、客観的にもあまり精確でない分類かもしれない。しかしこの概念が現代にまで存続し、かつ大きな影響をおよぼしていることに鑑みて、ひとまずこの用語で叙述をすすめよう。

そもそもホンタイジが清朝を建てたとき、モンゴル人に君臨できたのは、かつてのモンゴル帝国の後継という立場だった。やがて清朝の勢威が「外蒙古」にまで及ぶと、満洲の大ハーンとの関係を軸とした王公制度が整って、安定した体制になる。

「外蒙古」はすでに述べたとおり、「チベット仏教世界」の一部を構成していた。したがって

ボグド・ハーン（第8世ジェブツンダムバ・ホトクト）

満洲人・清朝がそこに君臨する資格として、チンギスを承継する必要性は、時間の経過とともに希薄になってゆく。チベット仏教を保護する「菩薩王」たる「ボグド・ハーン（聖なるハーン）」であることのほうが、むしろ重要だった。

モンゴルの「独立」

清朝がそのように君臨したモンゴルは、漢人はもとより、新疆やチベットに比べても、安定を保っている。激動の一九世紀を通しても、目立った紛擾や混乱はみられない。しかし二〇世紀に入ると、「新政」の波は否応なく、モンゴルにも及んできた。北京に近いだけに、チベットとちがって、動きがすぐ伝わるのである。

駐留軍を増し、王公や仏教僧侶の優遇を制限して、漢人の活動制限を排し、直接的な統治に切り替える。そうした施策が、「内蒙古」「外蒙古」通じておこなわれることになった。清室と一体化していた「内蒙古」では、そうした体制の変更に異論は少なかったけれども、「外蒙古」はそうはいかない。長城に隣接する「内蒙古」では、農耕に従事する漢人の入植が増え、モンゴル遊牧民の牧地が減少していたから、いよいよ不安はつのった。

一九一〇年、北京政府の任命をうけ、「外蒙古」のフレー（いまのウランバートル）に赴任した大臣・三多《サンド》が、その「新政」を強引に推し進めようとした。三多はモンゴル旗人、杭州に生まれ、科挙にも合格しており、当時の多くの満洲人と同じく、いわば漢化した人物である。したがって「新政」に疑いをさしはさむことはなかったし、「外蒙古」にそれを適用するにも躊躇はなかった。

もちろん「外蒙古」の王公・僧侶は激しく反撥し、にわかに三多・清朝政府との対立が深まる。かれらは清朝との妥協に望みを失い、翌年ひそかに、北京からの離脱をはかっていた。そこに起こったのが一〇月一〇日、辛亥革命の勃発である。

「外蒙古」の王公・僧侶は知らせをうけ、「独立」を宣言して三多を追放した。そして、フレーで活動していたチベット仏教の転生者・第八世ジェブツンダムバ・ホトクトを「ボグド・ハーン」に推戴し、新政権を樹立したのである。かれはチベット人ながら、チンギス裔のジェブツンダムバ一世の転生・後継者だった。

もはや清朝皇帝は、モンゴル人に君臨する大ハーンたりえない。それは自分たちの精神的支柱・チベット仏教を代表する「ボグド・ハーン」でなくてはならぬ。そんな意思表示だった。困難なモンゴル現代史のはじまりである。

時に一九一一年一二月二九日。長城の南でやはり「独立」を宣言した漢人たちが、南京臨時政府を組織したのと、奇しくも同じ日であった。

革命

その長城以南、清朝政権と漢人社会の矛盾が顕在化したのは、一九一一年の鉄道国有政策を契機とする。北京政府は建設予定の広州―武漢間の粤漢《えつかん》鉄路と成都《せいと》―漢口間の川漢《せんかん》鉄路を国有化して、外債で建設完成することにした。

両鉄道は先に、民間資本での建設が認められていたものである。それをあえて国有とするについては、政府当局にも相応の理由があったかもしれない。けれども国土一体化という大義の前には、どんな高論卓説も言い訳でしかなかった。外債による国有化は、いわば国内の利権を列強に売りわたす所業だったのである。

「立憲」を支持する在地の有力者・資本家たちは、なお清朝政府に望みをかけていた。ところがこの国有政策で、まったく裏切られたと感じて、四川省の諮議局を中心に反対運動をはじめる。政府はこれに対し、軍隊を投入して弾圧し、流血までひきおこした。

はじめから清朝政権そのものを否定する革命派も、活動を続けている。以前から華南で武力蜂起を試みては、失敗をくりかえしていたものの、かれらはくじけなかった。方針を改め、長江流域での蜂起を計画しはじめたところで、この鉄道国有問題がもちあがったのである。

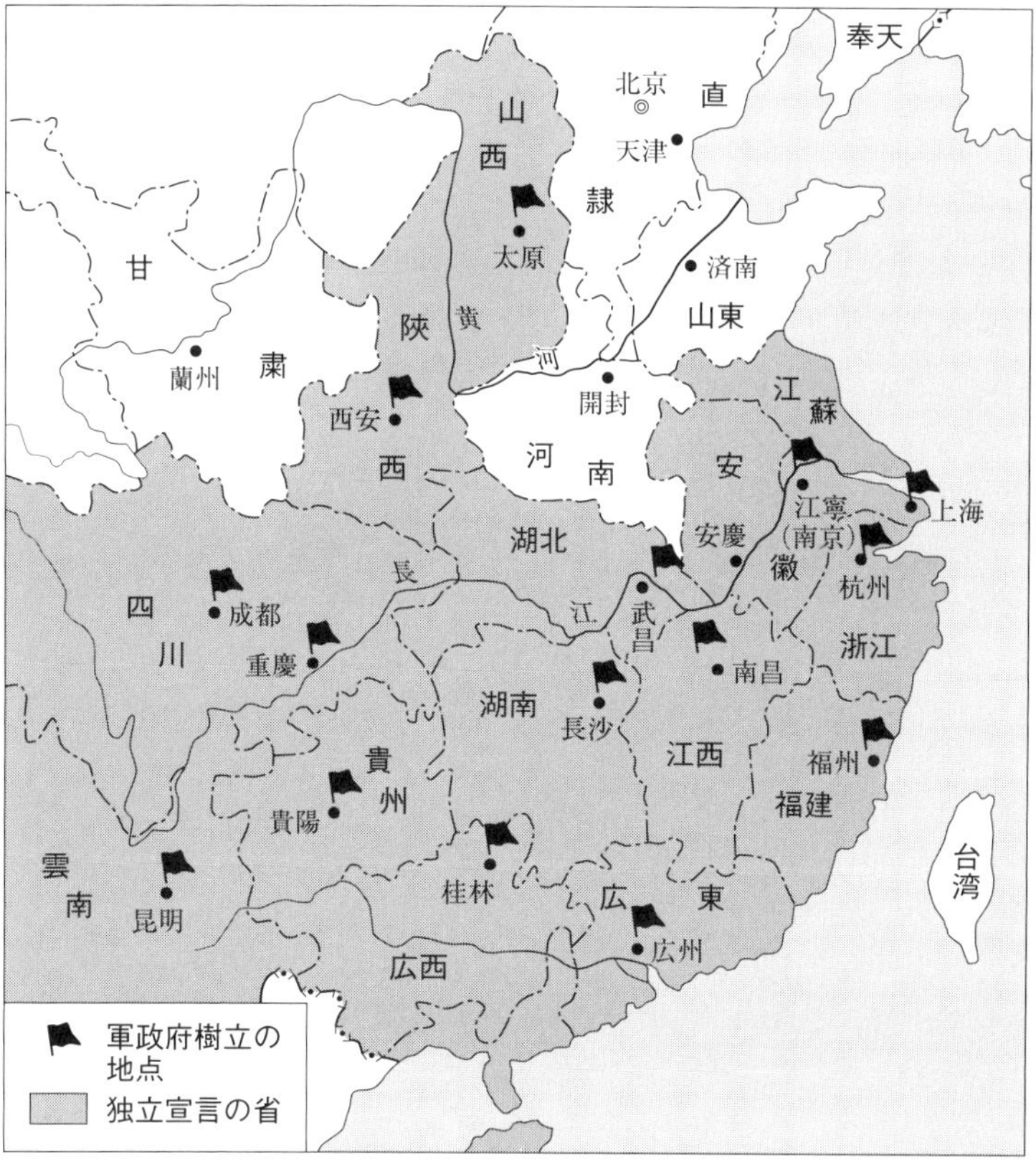

辛亥革命と各省の独立（池田誠ほか『図説中国近現代史』より作成）

折しも武昌では、地下活動が露顕し、革命派に属していた兵士たちが一〇月一〇日、迫られて蜂起にふみきると、事態が一変する。長江流域での革命勢力の拡大と民間の反清気運の高まりが相乗的に作用、みるみるうちに各省が「独立」を宣言、一ヵ月の間に、十四の省が清朝の治下から離脱した。

「独立」した各省の代表は、一二月二九日、アメリカから帰国した革命派最古参の孫文を中華民国臨時大総統に選出、一九一二年一月一日、南京で正式に中華民国の建国を宣言する。漢人の多くがこうして、清朝から離反し去った。

「外夷」のヌルハチが「中華」の明朝から離脱、そこに漢人も結集したことで胚胎したのが、清朝政権である。継嗣のホンタイジが、朝鮮を降し、モンゴル人・漢人と一体になって、その推戴を受けたことで、清朝は誕生の日を迎えることができた。漢人の皇帝・モンゴルの大ハーンを一身に兼ねなくては、清朝ではない。

辛亥革命で漢人は清朝の羈絆《きはん》を離れ、皇帝ならぬ「大総統」を独自に選出し、モンゴルも別の「ボグド・ハーン」を立てて「独立」した。朝鮮半島は前年に、日本が併合している。「天命」はすでに、清朝から去っていたのである。

むすび──清朝とその時代

使命

清朝そのものは一九一二年二月半ば、宣統帝の退位まで、さらに一ヵ月ほど生き長らえるけれども、もはや有名無実といってよい。ヌルハチの即位から三百年弱、後世・歴史という高みから見下ろして、さかしらにもっともらしい理由をつければ、清朝は使命をもって生まれ、それを果たし、役割を終えると消えていった、といえる。

使命というのは、一六世紀東アジアの混沌を収めることである。「華」「夷」の世界観にもとづく明朝の体制は、この時期、名状すべからざる混乱に陥った。大航海時代と中国大陸の経済発展、日本列島の勃興などで、軍事的にも経済的にも勢力が多元化したからである。「中華」「外夷」という上下二分の礼制で秩序を構築した「朝貢一元体制」は、もはや機能しなくなり、治安の悪化がつづいた。

長城をはさんだモンゴルとの対峙、沿海での「倭寇」はその所産であり、極めつけは豊臣秀吉の「朝鮮出兵」である。この遠征ほど、当時の多元化と混迷をあらわすものはない。急速な発展をとげた列島という「外夷」が、「中華」を自任する大陸・半島に君臨しようと殴り込みをかけた愚挙でありながら、時代がまた、それを許したのである。「華」と「夷」との上下順逆が入れ替わる、「華夷変態」のプロセスは、すでにはじまっていた。

清朝はそんな多元勢力のひとつとして生まれ、なればこそ、時代の混迷を収拾する資格をそなえていた。一七世紀の半ばに急成長したこの政権は、試行錯誤をくりかえしながら、あるいは列島・半島と、あるいは草原・海洋と、それぞれに適応した関係を個別に構築してゆく。仇敵となれば、断乎として譲らず、打ち破った。東アジアはかくて一八世紀に至り、平和を回復して未曾有の繁栄を迎える。

清朝が新たに創造したものは少ない。君主独裁と督撫重権を発達させた漢人の統治機構、盟旗制に編成されたモンゴル人の社会組織、宗教と一体だったチベット人の政治体制、いずれも在地在来のものである。こうした慣例を尊重しつつ、弊害は除去し、清朝の君臨に適合するように改編し、たがいに矛盾・相剋をきたすことなく、多元が多元のまま共存する体制を構築した。それがまさしく清朝の使命であり、その達成であった。

忘却

しかし、のぼりつめたら、あとは落ちるしかない。使命達成の成果が何なのか。それはどうあつかえばよいのか。清朝はそこまで見とおし、対処するすべはそなえていなかった。達成と繁栄のあとに残されたのは、漢人社会の膨脹と満洲人の頽廃である。

海を越えた外からは、西洋列強が迫っていた。「康熙・乾隆」をへた一九世紀の東アジアは、「近代」という一六世紀以上の混迷に入ってゆく。大航海時代ならぬ帝国主義、日本の「倭寇」ならぬ「明治維新」。それをうけとめるのは、頽廃した満洲人の清朝だけでは、もはやかなわない。清朝は生き延びるためには、巨大化した漢人社会と一体とならなくてはならなかったし、強大な西洋近代を身につけることなしに、世界に伍してゆくのも不可能であった。

清朝史研究の先師・三田村泰助は、清朝の皇帝を「御者」、その君臨した社会を「馬」にたとえて、この間のいきさつを次のように描写した。

御者台からのりだして中国（漢人社会）という象の背にのりかえ、ともかくも、がたがたの五頭だて馬車をひきずっていった。

「五頭」というのは、満《マンジュ》・漢・蒙《モンゴル》・藏《チベット》・回《ムスリム》の謂で、清朝が漢人に依存し、ほかを従属化していったさまをよくあらわしている。「馬」の「御者」では、象を思うままにコントロールできるはずはないし、「ひきずっ」られるほうもたまらない。

清朝が使命として達成したはずの多元勢力の共存は、こうして一九世紀の末には、急速に崩潰していった。東アジアにおいても、明治日本が先鞭をつけた国民国家・植民地という西洋流の一元支配が通例となって、現在に及んでいる。

西洋がつくりあげた「近代」の国民国家とは、一定の国土・領土という範囲に、均等な主権が普及し、均質な国民が存在する体制である。諸国家が併存している面では多元的ながら、どの国家も支配形態は均一で、領土内の多元共存を許さない。画一・同化を強要貫徹するのが、体制の生理なのである。

清朝も遅まきながら、そんな体制の構築に着手しはじめる。共存してきた周辺勢力の従属化をはかって、列強と対立も辞さなかった。いつしか元来の使命を忘れ、その立ち位置まで変えてしまっていたのである。

みつめなおすべき歴史

日本人も深く関わったのは、朝鮮半島の覇権をめぐる相剋である。旧来の秩序構造がくずれ、新たな動乱と模索が始まるにさいし、まず半島が焦点となるのは、東アジア史の法則なのだろうか。日清・日露の戦争は、あたかも秀吉の「朝鮮出兵」からはじまった一七世紀の変貌にみまがう歴史過程であって、三百年前以上に大きな変動をもたらした。

二〇世紀の清朝は、明治日本にならって「新政」をはじめた。中央集権・国土一体の画一支配は、清朝の多元共存に背反していたから、自ら存在理由《レゾン・デートル》を否定したも同然である。

自らの権勢を強めるため、地方既存の利権をとりあげた清朝・北京政府は、漢人社会を抑圧する政権以外の何物でもなかった。漢人ばかりにとどまらない。かつて「チベット仏教世界」として一体化したはずのモンゴル・チベットに対しても、西洋的な画一支配を強要する抑圧者と化した。あげくにすべての離反を招いて、歴史のかなたに消え去ったのである。

グローバル化のなか、紛争が多発し混迷を深め、人為・自然いずれもリスクと背中合わせの現代世界。そこに生きるわれわれは、ひとしく現状を打開する手がかりを希求している。

それなら清朝の興亡は、西洋近代の国民国家の限界を体感する東アジアの人々にとって、単なる昔話ではありえない。一元的な秩序・イデオロギーに抗して、多元勢力の共存体制をつくりあげ、やがて画一・同化を強いる「近代」の到来に呑み込まれ、存在理由を失い去った歴史だからである。

地図を見比べれば一目瞭然、現代中国はまさしく、清朝の遺産にほかならない。チベット問題や尖閣問題など、なお現在進行形の民族問題・国境紛争も、その遺産のひとつである。今こそまさに、みつめなおすべき歴史ではなかろうか。

あとがき

小著は叢書「東アジアの近現代史」の第一巻にして第一回配本である。とすれば、続巻・次回配本の露払いとして、叢書全体の説明から述べなくてはなるまい。

そうはいっても、「東アジア」にせよ「近現代史」にせよ、何の変哲もないネーミング、とりたてて何もいわなければ、それですむことではある。しかし内幕を申せば、この命名にたどりつくには、いささか紆余曲折があって、それなりに込めた意味もなくはない。

わが歴史学界では、「ユーラシア」という称呼が一種の流行りとなっている。いわく「中央ユーラシア」や「東部ユーラシア」、あるいは「ユーラシア世界史」などなど。

「ユーラシア」とはヨーロッパとアジアの合成語、両者をひっくるめていいたいときに使う。あえて「ユーラシア」といえば、地続きの両者を区別しない意思表示になる。

ほかの業界はいざ知らず、少なくとも歴史学界でこう言うのは、ヨーロッパとアジアの区別がなおはっきりしなかった、あるいはヨーロッパという世界がなお確立していなかった時代に多い。とりわけ欧亜の別なく、歴史に重大な影響を与えた移動・遊牧に関わる事象に使うことばである。

歴史学はじめ、学問なるものはヨーロッパ世界が確立してからの産物であり、そもそも欧・亜の区分は、所与の前提、初期条件にほかならない。歴史学の「ユーラシア」概念は、その区分から生じるバイアス・曲解に異議申し立てを企図しているわけである。

しかしながら、「西部ユーラシア」という言い方はほとんどしない。それがほぼヨーロッパに等しいからであって、ヨーロッパはどこまでいっても、やはりヨーロッパだという前提がある。われわれはそれを忘れてはならない。

ではその前提は、どの時点でできたのか、といえば、この叢書が扱う時代、「近現代」なのである。本叢書が流行りに背を向け、あえて「アジア」といい、「ユーラシア」とはいわないゆえんである。

「アジア」とはもともと、ローマ人が東の最果てのアナトリアを名づけた称呼であり、そこから自らとは異なる東方の地を意味するようになった。そんな「アジア」が非ヨーロッパに等しい意味で顕著になったのは、現代につながる近世・近代のことである。

進歩するヨーロッパと停滞するアジア、前者は後者を自分たちとは異質なものとし、差別し蔑視し従属させた。そんな歴史過程を経、それを厳然たる前提として、現代世界は成り立っている。

グローバル化の時代、もはやどこも孤立してはは考えられない。しかしそうであればこそ、ヨーロッパとアジアとの間で、価値観・世界観・行動様式の差異がきわだってきたのが、現代世界の特徴でもある。「テロ」しかり、「北朝鮮問題」も例外ではない。

そこに両者を区別しない思想・論法をもってくるのは、はるかに遠い古《いにしえ》のことでなければ、いささかロマンに流れた心情のなせるわざである。たとえ史実・史学として重要ではあっても、現代の世界と必ずしも結びついてこない。

そこにヨーロッパと区別して「アジア」といわなくてはならない必要性がある。夢もロマンもない現実《リアリティ》のしからしめるところ。残念ながら昨今の世界は、リスクに満ちあふれ、とても夢みられるような甘いものではない。

ヨーロッパの側からすれば、「アジア」と異なるのは、半ば自明である。他方「アジア」のわれわれからみて、ヨーロッパとどうちがってゆくのかは、必ずしも明晰に理解されているとは思えない。そんな歴史過程こそ、この叢書が全体として描き出そうともくろむところなのである。

もっともこの叢書は、ヨーロッパと異なるただの「アジア」ではなく、「東アジア」である。「アジア」は単にヨーロッパでないものの謂で、それが主体性をもつ概念ではないから、「アジア」内のまとまりは別に考えなくてはならない。

わが日本と距離が近く、強い歴史的文化的つながりを持っているのが、パミール以東の地域である。人種・往来や文字・宗教を考えるだけでよい。そしてそこをあえてとりだすのは、ほかのアジア・西洋とは異なる世界だという認識の上にたって、それぞれ相い関連して成り立つ一個の世界史を念頭に置いているからである。

以上をふまえれば、「東アジア」という地域区分・称呼に、さしあたって特殊な意味あいはない。具体的には、日本列島・朝鮮半島・中国大陸におよぶ範囲、それぞれ相互に織りなす交渉・関係の謂であり、われわれ日本がそのなかにあって、歴史的に経験してきた立場・役割を問い直すねらいがある。いわゆる「近現代史」において、その立場・役割がきわだっていたのも、あえてくりかえすまでもあるまい。

その「近現代」という時代は、「アジア」と異なるヨーロッパが作ったものである。そうである以上、ヨーロッパが自覚的にアジアから離脱して確立する時代から説き起こさなくては、「近現代」の意味が通じない。

この叢書はそこで、通例の画期を再考して、ヨーロッパが「近現代」のヨーロッパらしくなる一六世紀から現代までの、およそ四百年間を視野に入れてみた。さらにその中を分けるとすれば、一七世紀と二〇世紀、それぞれの世紀に入る時点が画期になる。前者は秀吉の「朝鮮出兵」、後者は日清・日露戦争が代表的な事件にあたるだろう。この二つが列島・大陸・半島、いずれの運命にも重大きわまる事件だったのは、くりかえすまでもあるまい。

本叢書はそれに即して、日・中・韓を中心とする「近現代」の東アジア通史を六巻で構成した。あいまって世界史のなかに「東アジア」全体がうかびあがってくることを期待したい。

その口火を切る小著の叙述は、端的にいえば、清朝が興亡した通史である。すでに述べてきたとおり、清朝はヨーロッパが「アジア」から離脱する過程と時を同じくして興起し、そのヨーロッパが世界を制覇する過程で衰亡した。まさしく「朝鮮出兵」にはじまり、一九〇五年の日露戦争におわる時代で、空間的な範囲も「東アジア」全域を覆っている。つまり清朝の興亡をたどることで、戦乱から平和に向かう一七世紀・繁栄をきわめる一八世紀・平和から相剋に向かう一九世紀の「東アジア」が一望できる。

もっともわが専門の学界では、こうした立場・視座は、じつはふつうではない。まず「明清史」と称するジャンルがある。これは一七世紀の明末清初・中国南方の社会経済史を指す。またいわゆる「清朝史」もあり、おおむね一八世紀まで、満洲語・草原世界の立場からみる政治史をいう。そして一九世紀は「近代史」で、中国の近代化・沿海地域を主題とする。

それぞれの成り立ちには理由があるし、各々が巨大な研究分野でもあるから、分かれていること自体は自然当然で、何らとがめるにはあたらない。問題なのは、分かれていることが所与、自明になり、互いの位置づけを意識せず理解せず、相手のことをほとんど知ろうとしない態度の多いことである。

専門分化のすすんだ研究でおこりがちな現象ながら、清朝の歴史をめぐっては、とりわけ顕著なようにみえる。三者どれが欠けても全体像は描けないはずなのに、それを自覚しないまま、自らの立場・見方からしか語ろうとしない。当事者たちはそれが問題であるとも気づいていないようである。

学界だけではない。言論界も同断である。最近はいわゆる「嫌中」「嫌韓」がおびただしい。好悪は各自の自由だから、嫌いなのはかまわないけれども、それで中韓、ひいては「東アジア」をわかった気になっているのは、いささか心配である。

日本には何かにつけ、気軽に「アジア」と口にしたがる人がいる。その「アジア」が意味するのは、実に列島と直接に関わった半島・大陸のみ、そこしか視野に入っていない。こうした人々は、「東アジア」は東アジアだけで成り立たない、というごく単純な真理に気づかないまま、欧米の対極として「アジア」をもちだしている。

それなら、欧米人の非ヨーロッパとしての「アジア」概念とほとんどかわらない。けっきょくは「アジア」を知らない、知ろうとしない、欧米崇拝・偏重の裏返しで、およそ独り善がりな世界観・アジア観の反映なのである。

竹島・尖閣という「領土」問題をかかえる日本人なら、チベット・モンゴル・新疆という「民族」問題に無知無関心であってはならない。その根ははるかにつながっているからである。もはや日本人にありがちな独善的歴史観では、どうにもならない時代になってきた。

そんな目前の大きな課題に対して、筆者はあまりにも菲才、非力である。課題の所在が見えたからといって、即解決に結びつくわけではない。しかしめざさなくては、到達の日は永遠に訪れないだろう。小著が清朝・「東アジア」を描くにあたって、列島・半島にくわえ、内陸・西方にあえて立ち入ってみたのは、そのためでもある。

蛮勇をふるった試行錯誤に、畏友の村上衛・橘誠・豊岡康史・小林亮介・坂口舞の諸氏から、惜しみない示教をいただいた。小林氏には年表の作成でも、お手をわずらわせている。記して深甚の謝意を表したい。

アジアとは何か、中国とは何か。この変化のめまぐるしいグローバル時代、一朝一夕には答えの出ない問題である。なればこそ、倦まず弛まず問い続ける姿勢が重要ではないだろうか。小著は清朝という一時期・一地域をあつかう、眇たる歴史にすぎないものの、どんな形であれ、その一助になれば望外の喜びである。

岡本隆司

二〇一六年四月　新緑の賀茂の畔にて

参考文献

和文の信頼できる著書にかぎった。引用したものもふくめ、翻訳も交えている。なるべく一般に親しみやすいものを選ぶようにつとめたものの、いかに世界に冠たる日本の東洋学でも、清朝の歴史のあらゆる論点で、そうした著述がそろっているわけではない。やむなく学術書をあげるのをいとわなかった分野もある。また古くなって、書店で容易に入手できないものもあるかもしれない。そこから逆に、小著で少しく言及したおおよその研究の現況も、わかるはずである。


安部健夫『清代史の研究』創文社、一九七一年。

石橋崇雄『大清帝国への道』講談社学術文庫、二〇一一年。

石濱裕美子『チベット仏教世界の歴史的研究』東方書店、二〇〇一年。

――『清朝とチベット仏教――菩薩王となった乾隆帝』早稲田大学出版部、二〇一一年。

岡洋樹『清代モンゴル盟旗制度の研究』東方書店、二〇〇七年。

岡田英弘『康熙帝の手紙』藤原書店、二〇一三年。

――・神田信夫・松村潤『紫禁城の栄光――明清全史』講談社学術文庫、二〇〇六年。

岡本隆司『近代中国と海関』名古屋大学出版会、一九九九年。

――『属国と自主のあいだ――近代清韓関係と東アジアの命運』名古屋大学出版会、二〇〇四年。

――『世界のなかの日清韓関係史――交隣と属国、自主と独立』講談社選書メチエ、二〇〇八年。

――『李鴻章――東アジアの近代』岩波新書、二〇一一年。

――『近代中国史』ちくま新書、二〇一三年。

――『袁世凱――現代中国の出発』岩波新書、二〇一五年。

――『中国の誕生――東アジアの近代外交と国家形成』名古屋大学出版会、二〇一七年。

――編『中国経済史』名古屋大学出版会、二〇一三年。

小沼孝博『清と中央アジア草原――遊牧民の世界から帝国の辺境へ』東京大学出版会、二〇一四年。

片岡一忠『清朝新疆統治研究』雄山閣出版、一九九一年。

岸本美緒『東アジアの「近世」』世界史リブレット、山川出版社、一九九八年。

――・宮嶋博史『世界の歴史 12 明清と李朝の時代』中央公論社、一九九八年。

フィリップ・A・キューン著/谷井俊仁・谷井陽子訳『中国近世の霊魂泥棒』平凡社、一九九六年。

島田虔次『朱子学と陽明学』岩波新書、一九六七年。

――『中国の伝統思想』みすず書房、二〇〇一年。

――『中国思想史の研究』京都大学学術出版会、二〇〇二年。

杉山清彦『大清帝国の形成と八旗制』名古屋大学出版会、二〇一五年。

田代和生『書き替えられた国書――徳川・朝鮮外交の舞台裏』中公新書、一九八三年。

橘誠『ボグド・ハーン政権の研究――モンゴル建国史序説 1911-1921』風間書房、二〇一一年。

田中克彦『草原の革命家たち――モンゴル独立への道』増補改訂版、中公新書、一九九〇年。

檀上寛『永楽帝――華夷秩序の完成』講談社学術文庫、二〇一二年。

豊岡康史『海賊からみた清朝――十八~十九世紀の南シナ海』藤原書店、二〇一六年。

野田仁『露清帝国とカザフ=ハン国』東京大学出版会、二〇一一年。

狭間直樹『梁啓超――東アジア文明史の転換』岩波現代全書、二〇一六年。

ジョージ・マカートニー著/坂野正高訳注『中国訪問使節日記』平凡社東洋文庫、一九七五年。

松浦茂『清の太祖　ヌルハチ』中国歴史人物選第11巻、白帝社、一九九五年。

溝口雄三ほか編『アジアから考える[3]周縁からの歴史』東京大学出版会、一九九四年。

三田村泰助「満州族支配の落日」田村実造編著『世界の歴史 9 最後の東洋的社会』中公文庫、一九七五年、所収。

宮崎市定『宮崎市定全集 13 明清』岩波書店、一九九二年。

――『雍正帝――中国の独裁君主』中公文庫、一九九六年。

宮脇淳子『最後の遊牧帝国――ジューンガル部の興亡』講談社選書メチエ、一九九五年。

村上衛『海の近代中国――福建人の活動とイギリス・清朝』名古屋大学出版会、二〇一三年。

村上信明『清朝の蒙古旗人――その実像と帝国統治における役割』ブックレット《アジアを学ぼう》④、風響社、二〇〇七年。

山口瑞鳳『チベット』下、東京大学出版会、一九八八年。

吉澤誠一郎『清朝と近代世界――19世紀』シリーズ中国近現代史①、岩波新書、二〇一〇年。

吉田金一『近代露清関係史』近藤出版社、一九七四年。

吉田順一監修・早稲田大学モンゴル研究所編『モンゴル史研究――現状と展望』明石書店、二〇一一年。

バートランド・ラッセル著/牧野力訳『中国の問題』理想社、一九七一年。

1871	日清修好条規締結。台湾事件。ロシア、イリ地方を占拠
1872	曾国藩逝去
1873	左宗棠、陝西・甘粛の回乱鎮圧
1874	日本、台湾出兵。ベトナム、フランスとサイゴン条約締結
1875	北洋海軍建設開始
1876	日朝修好条規（江華島条約）締結
1879	琉球処分。リヴァディア条約締結
1881	ペテルブルグ条約締結、ロシア、イリ地方を返還
1882	ソウルで壬午軍乱
1884	清仏戦争。新疆省の設置。ソウルで甲申政変
1885	日清天津条約。清仏天津条約。袁世凱、朝鮮に赴任
1888	北洋艦隊編成
1894	日清戦争
1895	下関条約。三国干渉
1896	露清密約
1897	ドイツ宣教師殺害事件
1898	ドイツ膠州湾・ロシア関東州・イギリス威海衛租借。 戊戌変法。戊戌政変
1900	義和団事変
1901	北京議定書締結。李鴻章逝去。新政開始
1902	日英同盟
1904	日露戦争。ヤングハズバンドの遠征、ラサ条約締結。 ダライラマ、ラサを脱出。
1905	ポーツマス条約。同盟会結成。五大臣憲政視察。
1906	預備立憲の詔
1908	憲法大綱の発布。ダライラマ、光緒帝・西太后と会見。 光緒帝・西太后崩御
1910	ダライラマ、インド亡命
1911	辛亥革命。モンゴル「独立」宣言
1912	中華民国の成立

1717	ジューンガル軍、チベット進攻
1720	清軍、チベット進駐
1722	康熙帝崩御。雍正帝即位
1723	キリスト教布教を禁止
1727	キャフタ条約締結
1729	雍正帝、『大義覚迷録』出版を命令。軍機処設立
1735	雍正帝崩御、乾隆帝即位
1757	ジューンガル滅亡。イギリスの貿易を広州一港に限定
1759	清朝、東トルキスタン全域を制圧、「新疆」の成立
1767	割辮案
1782	『四庫全書』完成
1784	イギリス、茶の輸入税引き下げ
1793	マカートニー使節団
1796	白蓮教徒の反乱（～1804）
1799	乾隆帝崩御。和珅自殺
1802	ベトナム阮朝成立
1826	ジハンギールの反乱
1834	イギリス東インド会社の中国貿易独占廃止
1839	林則徐、広州にてアヘン処分
1840	イギリス、中国へ遠征軍派遣
1842	南京条約締結
1851	太平天国挙兵
1853	太平天国、天京に定都。曾国藩、湘軍を組織
1856	アロー号事件。
1858	天津条約締結。
1860	英仏連合軍の北京侵入、北京協定
1861	総理衙門設立。辛酉政変、西太后・恭親王、北京政府掌握
1862	李鴻章、淮軍結成
1864	太平天国滅亡。新疆大反乱、ヤークーブ・ベグ政権（～77）
1868	捻軍制圧
1870	天津教案。李鴻章、直隷総督・北洋大臣就任

年　表

1583	ヌルハチ挙兵
1592	豊臣秀吉の朝鮮出兵（文禄の役）
1597	豊臣秀吉の朝鮮出兵（慶長の役）
1616	ヌルハチ、ハンに即位
1619	サルフの戦い
1626	寧遠の戦い。ヌルハチ逝去。ホンタイジ後継
1627	丁卯胡乱
1629	李自成の反乱（～45）
1630	袁崇煥処刑
1636	ホンタイジ、皇帝に即位、大清国（ダイチン・グルン）を建てる。丙子胡乱（～1637）
1642	チベットにダライラマ政権成立
1643	ホンタイジ崩御。ドルゴン執政
1644	明朝滅亡。清朝入関。薙髪令
1650	ドルゴン逝去
1661	鄭成功、台湾に拠る。康熙帝即位。海禁の実施、遷界令
1662	南明滅亡。鄭成功逝去
1669	康熙帝、権臣を排除し、実権を掌握
1673	三藩の乱（～81）
1675	康熙帝、立太子
1678	ガルダン、オイラト統率
1683	鄭氏の降服、台湾帰属
1684	海禁解除、海関を設置
1688	ガルダン、ハルハ侵攻
1689	ネルチンスク条約締結
1690	ウラーン・ブトンの戦い
1691	ドローン・ノール会盟、ハルハ、清朝に服属
1696	康熙帝、モンゴル親征。ジョーン・モドの戦い
1697	ガルダン逝去
1712	康熙帝、皇太子廃嫡
1715	「国性爺合戦」初演

は行

ま行

や行

ら行・わ行

た行

な行

人名索引

あ行

か行

さ行

岡本隆司（おかもと・たかし）
一九六五年生まれ。京都大学大学院文学研究科博士課程満期退学。現在、京都府立大学教授。専攻は、近代アジア史。主な著書に、『近代中国と海関』（名古屋大学出版会、大平正芳記念賞）、『属国と自主のあいだ』（名古屋大学出版会、サントリー学芸賞）、『世界のなかの日清韓関係史』『中国「反日」の源流』（いずれも講談社選書メチエ）、『李鴻章』『袁世凱』（いずれも岩波新書）など多数。

叢書 東アジアの近現代史 第1巻
清朝《しんちょう》の興亡《こうぼう》と中華《ちゅうか》のゆくえ 朝鮮《ちょうせん》出兵《しゅっぺい》から日露《にちろ》戦争《せんそう》へ

二〇一七年三月二一日第一刷発行

著　者　岡本隆司《おかもとたかし》　©Takashi Okamoto 2017

発行者　鈴木 哲

発行所　株式会社 講談社
東京都文京区音羽二－一二－二一　〒一一二－八〇〇一
電話　〇三－五三九五－三五一二（編集）
〇三－五三九五－四四一五（販売）
〇三－五三九五－三六一五（業務）

装幀者　高見清史

印刷所　慶昌堂印刷株式会社

製本所　黒柳製本印刷株式会社

本文データ制作　講談社デジタル製作

ISBN 978-4-06-220486-6
Printed in Japan N.D.C.220 300p 19cm

池内敏・岡本隆司 責任編集

叢書 東アジアの近現代史 刊行予定

1 清朝の興亡と中華のゆくえ
岡本隆司（京都府立大学教授）＝本書

2 対立と共存の日中関係史——共和国としての中国
中村元哉（津田塾大学教授）

3 日本人の朝鮮観はいかにして形成されたか
池内敏（名古屋大学教授）

4 朝鮮半島のナショナリズム
木宮正史（東京大学教授）

5 近代日本の膨張と中国・朝鮮・台湾
奈良岡聰智（京都大学教授）

6 台湾と琉球からのまなざし——親日と反日の帰趨
池内敏・岡本隆司 編

（第2巻以降は、仮題）